Manfred Hepperle

Fünfundzwanzig Schwäbische Sketsche

Ein Rollenbuch und eine heitere Lektüre

Verlag Wilfried Eppe · Bergatreute

Die Deutsche Bibliothek — CIP-Einheitsaufnahme

Hepperle, Manfred:
Fünfundzwanzig Schwäbische Sketsche:
ein Rollenbuch und eine heitere Lektüre /
Manfred Hepperle. — 2. Aufl. —
Bergatreute: Eppe, 1992

ISBN 3-89089-222-1

NE: Hepperle, Manfred: (Sammlung)

2. Auflage 1992

© Verlag Wilfried Eppe, Bergatreute

Alle Rechte vorbehalten

Druck: Wilfried Eppe, Bergatreute
Buchbinderische Verarbeitung:
Großbuchbinderei Moser, Weingarten

ISBN 3-89089-222-1

Der Kauf des Buches „Fünfundzwanzig Schwäbische Sketsche" von Manfred Hepperle schließt das Aufführungsrecht nicht ein.

Wenn Sie Sketche aus diesem Buch aufführen wollen, dann füllen Sie eines der Formulare am Schluß des Buches aus und senden es an den Verlag Wilfried Eppe, 7961 Bergatreute.

Wir bitten um eine korrekte Abrechnung.

Inhaltsverzeichnis

7 D Barockschtroß
12 D Fürschtahochzeit
18 Die Bank im Park
30 Die Jubiläumshymne
34 Der Vervielfältiger
37 Im Ländle
41 Am Fahrkartaschalter
44 Der Traum von Haiti
47 Die Elternsprechstunde
52 Dr Geburtstag
58 D Exportepfel
61 De elektronisch Orgel
64 Der Intelligenz-Quotient
70 Die Reklamation
73 Beim Schuhmacher
84 Im Tante-Emma-Lade
88 Die Wetterprognose
91 Die Reportage
103 Die Wohnungssuche
109 Besuch der alten Dame
113 Aufm Fundamt
122 D Volkshochschual
125 Hänsel und Gretel
133 Im Reisebüro
142 Am Aschermittwoch

D Barockschtroß

3 Personen: Paar aus Norddeutschland (Er) (Sie) · Knecht
Ort: Auf einer Wiese
Spieldauer: ca. 18 Minuten

Knecht: Halt dei Gosch do doba, hosch me verschtanda, s Maul sollsch halta. I will mei Ruah beim Veschpra. Schtillaaa! Also, wenn i nachts um zwoi aufm Hoimweag a weng sing, no werre azoigt weaga Nachtruheschtörung und der Hund do doba pfeift wiea d Sau und koin Hahn kräht drnoch. Am hellichta Wertig! Desch Umweltvrschmutz ... desch a soziale Ungerechtigkeit! Aber sauber und glatt. Paß auf, du krieagsch glei en Prügel auf dr Grind. No isch dr Katz gschtreut. Dackel, blöder!

(Ein fremdes Paar kommt)

Sie: Um Himmels willen — Kai-Uwe, schnell hierher, schnell, da liegt ein Mann im Gras, regungslos, bewußtlos!

Knecht: Babberlababb, saudumms Gschwätz a saudumms! I schaff doch do hanna. I mäh. I hai.

Er: Gott sei Lob und Dank, wir dachten schon, es sei Ihnen etwas Schreckliches zugestoßen. Sie hätten vielleicht — Sie wären eventuell —

Knecht: So, so, hond Siea denkt! Und wenn, ja und wenn, no däts Ihne allaweil no nix aganga. I gang hie wenn i will. Siea kennet mi jo it amol.

Er: Trotzdem, trotzdem, wir fühlen uns jeglicher Kreatur gegenüber irgendwie ...

Knecht: Noi, noi, mir gohts guat, i bin dr Knecht vom Ganterhof, i dua grad veschpra.

Sie: Du Italiano? Ich kann beim besten Willen keine Silbe verstehen. Kai-Uwe, was meint dieser Mann?

Er: Er sagt, er ist Farmfacharbeiter und nimmt soeben eine Zwischenmahlzeit zu sich, da es neun Uhr ist.

Sie: Ist denn dieses niedergemachte Gras für den menschlichen Verzehr bestimmt?

Knecht: Zersch fürs Viech — also für die Viehe ... für d Rindviecher halt, dann ersch essets mir.

Sie: Wissen Sie, wir sind vom rechten Weg abgekommen, wir suchen die Dings, die ...

Er: Wir haben uns hoffnungslos verlaufen, wir suchen die ...

Knecht: Wiea Hänsel und Gretel — ha — so alt und so blöd. Etzetle, was suacheter? Wo wender na?

Sie: Wir suchen die oberschwäbische Barockstraße.

Knecht: Barockschtroß — Barockschtroß — sooo — ja, wer soll do wohna? Wo sott diea sei? Z Weigarta oder z Ravensburg oder wo? Wiea hond Se gsait, Barockschtroß? Halt! Etz fallt mrs ei. I hons. Kennet Ihr dr Knörle Schorsche? Er hot früher in dr Maschinafabrik gschaffet, gell, jo, der wohnt in dr Barockschtroß — 17 a. Noi, halt, diea hot anderscht ghoißa, ähnlich, aber ganz anderscht. Charlottaschtroß. So, so, und Ihr suachet also d Charlottaschtroß?

Er: Nein, nein, die Barockstraße. Die oberschwäbische Barockstraße. Sie kennen doch sicher Steinhausen?

Sie: Oder Ochsenhausen?

Knecht: I kenn halt Warthausa.

Sie: Ja ist denn da etwa auch eine bedeutende Kirche?

Knecht: A Kirch? Ja wieso a Kirch? Noi, a Brauerei! — Ja, wellet Ihr in a Kirch? Heit am heiliga Wertag? Unter dr Woch isch do bei uns nix botta. Bloß am Sonntig.

Sie: Nein, wissen Sie, wir wollen die Kirche besichtigen, studieren, erleben. Mein Freund ist Kunsthistoriker. Ich selbst bin zwar Autodidakt aber ...

Knecht: Ja so en Zuafall! En Schwoger von mir, dr Ma von dr Berta, vom Bertele, der isch Autoschwoißer.

Sie: Aha, aha, hochinteressant, wirklich hochinteressant.

Knecht: Gell. D Welt isch eaba kloi, bsonders bei uns hunda. Wo isch ma her, wemma froga derf?

Sie: Wir sind Norddeutsche.

Knecht: Holla, ja glei alle boide?

Er: Meine Freundin ist aus Bottrop und ich aus Wanne-Eickel-Nord.

Knecht: Des loß mr gfalla! Ja isch ma zum erschta Mol in Europa? Wisset Se, i hon au a Tante do doba.

Sie: Wo ist Ihre Frau Tante beheimatet, wenn man fragen darf?

Knecht: Diea, in Bad Waldsee!

Sie: Also, guter Mann, Sie kennen doch sicher die Basilika zu Weingarten?

Knecht: Und ob. Des hettet Ihr doch glei saga kenna, daß Ihr do na wellet. Ihr Norddeutsche sind doch sonscht it aufs Maul gfalla.

Sie: Dann wissen Sie doch sicher auch, ob diese Kirche romanisch ist, oder gotisch oder barock.

Knecht: Weigarta? Basilika? Katholisch! Hundertprozentig katholisch, wiea i au.

Er: Schatzilein, es ist eine Barockkirche! Eine lupenreine Barockkirche, so wahr ich Kai-Uwe heiße, und früher war sie romanisch. Stimmts?

Knecht: Sooo, ja des ka scho sei, also aufgfalla wär mir amol nix. Wisset Se, bei uns wird so en Haufa baut und bäschtlet und rumdrecklet, do merksch oft gar nix drvo.
Gucket Se, ah — lugen Sie her, zum Beischpiel mein Nochber, dr Bentele Fritz, senior, gell senior, hot am letschta Mittwoch an seim alta Baurahaus d Fenschterläda weggrissa und scheene Kunschtschtoffrollädala nagmacht, so wiea mas etz hot. Und des alte Fachwerk hot er au endlich zuapfläschtret und wunderbare Kunschtschtoffplatta nagnaglet. Klasse, mein Lieaber!

Sie: Ja und? Und?

Knecht: Ja nix und und!
Und i hons erscht am Freitig gmerkt. Gega kurz vor zehne! Zuafällig, rein zuafällig — au bloß, weile numgucket hon, sonscht hette ...

Sie: Ich habe schreckliche Schmerzen an den Füßen, alles geschwollen. Die Strapazen waren eben doch zu groß für eine Frau.

Knecht: Hond Se Blosa? Blotrets — blaatert es?

Sie: Das ist ja schrecklich! Was kann ich nur dagegen tun?

Knecht: Desch oifach. Des hon i au ghet. Saumäßig sogar. An Pfingschta anna achtadreißge — noi halt, daße it lüag — neinadreißge! Achtadreißge kas it gwea sei, do bine jo krank gwea.

Sie: Ja und — was haben Sie dagegen unternommen?

Knecht: Jo, do gibts bloß oi Mittele, aber des hilft nix.

Er: Wie meinen?

Knecht: Dadagegen gibt es nur ein Hilfsmittel, aber dieses ischt umeinsonscht. Nix isch!

Sie: Wenn nicht auch noch dieser schreckliche Hunger hinzukäme. Mein Magen knurrt himmelschreiend.

Knecht: Lond Sen doch knurra, der hört von sell wieder auf, wenn er merkt, daß nieamed zualoset.

(Er pflückt einen Apfel vom Baum)

Knecht: Halt, halt! Stop! Den Epfel könnet Se noit essa, do krieaget Se — do hond Se nochher saumäßig ...

Er: Wie bitte?

Knecht: Diesen Epfel kennen Sie noch nicht zu sich nehmen, der ist noch ungereift.
Do krieaget Se d Scheißade, Dünnschiß, Dürrilliöh, daß es bloß so pfeift!

Sie: Wir haben den ganzen Tag noch keinen Bissen zu uns genommen.

Knecht: Ja und? Siea hond jo au dr ganze Tag no nix dua, oder?

Er: Ist denn nicht wenigstens ein guter Gasthof in der Nähe?

Sie: Wir würden schon ein einfaches Landgasthaus akzeptieren.

Knecht: Doch, do hend Se Glück, dr Schwarze Adler! Glei do dieba — gleich det dieben det. Erschtklassig! Aber der hot mittwochs zua.

Er: Sagten Sie mittwochs? Heute ist Gott sei Dank Donnerstag.

Knecht: Hoi! Do hot er au zua. Der hot eigentlich allaweil zua, weil, dr Besitzer isch doch weggschtorba. Scho anna sechsafuchzge, ganz kurzfrischtig.

Sie: Sind ja schöne Aussichten.

Knecht: Aber det dieba kennet Se sich en Epfel brocka, do an dem Moschtepfelbaimle.

Er: Wie bitte, was können wir?

Knecht: Det dieben können Sie sich Ihne einen Epfel entfernen, herunterbrocken, an der Dings — an der Apfelweinstaude. Wenn Sie wellen. Wenn Sie des wetten. He! Halt! Vorsicht! Siea hauet sich no d Birn an den Epfel.

Sie: Danke, sehr liebenswürdig! Aber sagen Sie uns jetzt doch, wie wir auf dem kürzesten Weg nach Weingarten kommen.

Knecht: Desch it weit. Luftlinie höchschtens drei Kilometer. Allerhöchschtens. Aber Siea werret jo wahrscheinlich laufa.

Er: Also etwa fünf Kilometer.

Knecht: Also laufet Se oifach det fürre. Ganz fürreeeh. Rechterhand isch en Grummbirraacker — en Bodabirra — ah — ein Bodenbirnen ...

Er: Was für Birnen?

Knecht: Ein Herdöpfelfeld — eine Pommesfritesplantage.

Er: Sie meinen ein Kartoffelfeld?

Knecht: Jo, des sage jo allaweil. Schwätza mit de Leut, bloß schwätza mit de Leut. Gell?

Sie: Also, dann auf Wieder ...

Knecht: He, Siea, Hallo! Moment, ein Moment! Det vorna hoißts aufpassa, wos nabgoht, it daß Ihr no stockelet an den Schtäffala.

Sie: Wie, was, wo?

Knecht: I hon gsait, Sie sollten Obacht gea, daß Se it d Schtiaga nabflieaget. Die Schtügen hinabkeien. D Träppala!

Er: Träppala?

Knecht: Jo, diea mit ihre Schtöcklesschuah soll aufpassa, it daß se no d Schtiaga nabschtockelet. Kopfübersche. Soo, mit em Grind voraus.

Er: Also, nochmals vielen herzlichen Dank für Alles.

Sie: Aber schon für gar alles ... du liebe Zeit!

(Das Paar geht)

Knecht: Gern gschea. Nix zum Danka, Pfüagott mitnand.
Also, wenn i so hundsgemein schlecht deutsch verschtanda dät, wiea diea zwoi, also i dät it so in dr Weltgschicht umanandfahra. Des dät i niea. Dieses täte ich nüü tun.

11

D Fürschtahochzeit

3 Personen: Ehepaar (Er) (Sie) · Postbote
Ort: Im Schlafzimmer des Ehepaares
Spieldauer: ca. 11 Minuten

(Mann und Frau schnarchen im Bett. Es läutet)

Er: Jesses na, bin i verschrocka.

Sie: S hot glitta.

Er: Des hone au ghört, i bin jo it dollohrig. So a Sauerei — mitta in dr Nacht.

Sie: Grad etz, wo mirs von dr Hochzeit von seiner Hoheit Prinz Louis Ferdinand von Hohenstein-Lichteneck traimt hot.

(Er greift nach dem Wecker)

Er: Wiea schpät isches denn?

Sie: Wart — i guck. Halba zwoi!

Er: Was, halba zwoi! Awa — du hosch jo dr Wecker verkehrt in dr Hand. Halb achte isches.

Sie: Wer ka des sei um diea Zeit?

Er: Des ka doch i it schmecka.

(Es läutet wieder)

Sie: Desch vielleicht dr Elektriker wone bschtellt hon zum Kochplatta repariera. Ja so eine Unverschämtheit! Ka der it schpäter komma.

Er: Schpäter! So a blöds Gschwätz. Wenn er um zwölfe komma dät, dätsch saga: ka der it früher komma — ausgerechnet etz, wo e kocha will.

Sie: Von wella ka koi Red sei — sag ruhig müssa.

Er: Woisch wer des sei kennt? Dr Kaminfeger. Der war scho lang nimme do. Obwohl, wenns do noch ging, kennts au ebber anders sei. S waret scho en Haufa Leut scho lang nimme do.

(Es läutet wieder)

Sie: Etz mach halt auf!

Er: Wieso eigentlich immer ii? Komm, mir zehlet aus — enne, denne, dubbe, denne dalia.

(Es läutet wieder)

Sie: Los, mach auf!

Er: Joo — i komm — i komm.

(Er geht zur Tür – es läutet wieder)

Heiligs nei, oigasinniger Siach.

Postbote: Guata Morga.

Er: Guate Morga — hoi — du bisches, Poschtbott.

Postbote: Also wenne überall so lang warta müßt und d Zeit vertrödla dät, no wär d Poscht scho lang Pleite.

Er: Mitta in dr Nacht goht ma au it in wildfremde Häuser.

Postbote: Also etz ware scho bei drei Leut, diea waret alle scho auf. S Fräilein Bechtle war sogar scho azoga.

Er: Wie schön! I ka aufschtanda, wenn s mir paßt, doo brauche koine Vorschrifta von dr Oberposchtdirektion. Was hosch denn so Wichtigs?

Postbote: Achtzig Pfennig däte krieaga.

Er: Von mir?

Postbote: Jo, von dir. Schtrofporto! Doo sind zehn Pfennig zwenig Porto doba. A Mark sechzg schtatt a Mark siebzg.

Er: Und des koscht achtzig Pfennig? Des wäret joo — paß auf — achthundert Prozent.

Postbote: I muaß es it ausrechna — bloß kassiera. Schtrofporto isch Schtrofporto!

Er: Ja für was soll i eigentlich gschtroft werra? Was hone denn verbrocha? Hosch Handschella drbei? No kasch mi jo glei abführa. Ich beuge mich dem Willen des Gesetzes.

Postbote: Kasch jo d Annahme verweigera, no goht dr Brieaf wieder an dr Absender zrück. Natürlich gebührafrei.

Er: Gebührafrei? Soo! Soo!

Postbote: Ha desch doch klar, wenn du den Brieaf it witt.

Er: Ja und dr Absender muaß nix zahla? Der wo zwenig Porto naufbäppt hot? Des isch doch dr Übeltäter. Dem passiert nix?

Postbote: Ha noi, des koscht nix, des Schreiba gilt als nicht befördert. S isch jo au it zuagschtellt worra. Capito?

Er: Was hosch noo drbei?

Postbote: A Poschtkart aus Italien. Aus Jesolo. Von deiner Tochter. Doo regnets scheints au. Schreibt se. Witt etz den Brieaf oder witt en it? Wenn en it witt, muasch doo hanna unterschreiba — wenn en witt — doo hanna.

Er: Ja, von wem isch er denn?

Postbote: Moment. Hoi — doo isch jo gar koin Absender doba.

Er: Jo an wen witt en noch zrück ganga lossa?

Postbote: Desch oifach. Der wird poschtalisch göffnet und doo kommt ma moischtens hinter dr Absender.

Er: Hoi! Doo gläbbrets. Doo isch Geld dinna. Desch sicher von dr Tante Sophie von Altbierlinga. Gib her.

Postbote: Achtzig Pfennig!

Er: Moment, Moment — i trag dr Geldbeutel jo it im Nachthemed rum.

(Geht zur Jacke, die am Boden liegt)

Postbote: Ja wiea flagget denn dein Kittel rum? Warsch geschtern obed wieder bsoffa?

Er: In meiner Wohnung ka i mein Kittel naschmeissa wieas mir paßt.

Sie *(aus dem Hintergrund):* Des moinsch au blos du.

Er: Ja heiligs nei nomol, wo isch denn der Geldbeutel? I hon geschtern — i war doch geschtern … Kascht du mir diea achtzig Pfennig so lang auslega? Falls in dem Brieaf a Geld dinna isch krieagsch es hundertprozentig wieder.

Postbote: Also mein Bruader schaffet ima Atomkraftwerk. Aber des isch koin so en risikoreicha Beruf wiea Geldbrieafträger.
Also do — i muaß weiter — gibsch mir des Geld halt morga. Ade!

Er: Adee Poschtbott.

(Geht zum Bett)

Sie: Ja sag amol wiea laufsch denn duu rum? Warsch du mit de Hosa im Bett? Warsch wieder bsoffa?

Er: Dr Reißverschluß hot klemmt — i hons it rabbrocht.

Sie: Diea Maleschta hosch früher it ghett — doo hosch d Hosa immer ruck-zuck hunda ghett.

Er: Schpar dir deine azügliche Bemerkunga. I brauch morgens um halb achte no koine Noochhilfeschtunda in Sexualkunde.

(Er will ins Bett)

Sie: Ja duasch du glei deine Hosa rab!

Er: Etz hone se de ganz Nacht aghett, no wirds auf diea halb Schtund au nimme drauf akomma.

Sie: Wer wars?

Er: Bitte?

Sie: Wer isches gwäa?

Er: Dr Poschtle.

Sie: Was hot er wella?

Er: Nix wichtigs. Tante Sophie hot gschrieba.

Sie: Was schreibt se? Isch se gschtorba?

Er: Oh des oigasinnig Weib. Muaß diea oin morgens soo früah aus em Bett jaga?

Sie: Ausgrechnet jetzt, wo mirs so ebbes schees traimt, leitet der Depp. I war auf dr Fürschtahochzeit seiner Hoheit Louis Ferdinand von Hohenstein-Lichteneck.

Er: Des isch dr Vollmond. Mir hots au so en Blödsinn traimt. I war im Zirkus — und doo waret alle Viecher ausgschtopft — mit Sägmehl und Holzwoll.

Sie: Hör doch auf mit dem Blödsinn. Also i war auf dr Fürschtahochzeit von seiner Hoheit Louis Ferdinand von Hohenstein-Lichteneck.

Er: Duu?

Sie: Jo — ii!

15

Er: Der wird grad dii zur Hochzeit eilada, wo da it amol a rechts Sonntigskloid hosch.

Sie: I war it blos eiglada — sondern i war seine jungfräuliche Braut — die werdende Fürschtin.

Er: Etz guck doo na.

Sie: Mein Gemahl — 24,5 Jahre alt — groß, blond, schlank! Mein Louis — ein Kavalier vom Scheitel bis zur Sohle. Geschätztes Privatvermögen: 224 Millionen. Und heiratet mich vom Fleck weg.

Er: Beim Heirota herrscht beim Hochadel sonderbare Sitta.

Sie: De ganz Prominenz war bei dr Hochzeit. Von Adel, Kirche, Politik und Schport. Sogar dr Bundeskanzler. Der isch direkt vom Katholikatag von Berlin komma. Allerdings blos zum Essa. In d Kirch hots em it glanget. Sogar d Königin Queen von England war oigahendig doo. Se hot sich vor mir verbeugt und hot mir ins Ohr gflüschtret: meine Liebe, ich beneide sie um ihren Herrn Gemahlen.

Er: Ja was? Diea kennt mi doch gar itta.

Sie: Wer schwätzt denn von dir? Diea moint doch mein Louis.

Er: Jo war i au zur Fürschtahochzeit eiglada?

Sie: Nicht daß ich wüßte.

Er: Dein feiner Herr Prinz wird scho wissa warum — i hett em nemlich saga kenna, was er für en guata Fang gmacht hot.

Sie: Jetzt schpricht der Neid des gemeinen Volkes. D Hochzeitstafel war über 25 Meter lang.

Er: Ja hosch denn mitessa kenna? Dei Gebiss liegt doch doo hanna auf m Nachttischle.

Sie: Die 20 beschten Köche der Welt haben das Feschtmenue kreiiert.

Er: Übrigens — was gibts bei uns heut?

Sie: Saure Kuttla und broite Nudla.

Er: Würde Hoheit eventuell die Güte haben und umdisponieren zu lassen. Zu sauren Kutteln reicht man bei uns seit Kindesbeinen Bratkartöffelchen.

Sie: Und dann trug er mich auf seinen blaublütigen Armen in einem kaschmir-seidenen Modellbitschiama von Dior an die Schwelle des gemeinschaftlichen Himmelbettes.

Er: Jo glei nooch em Essa?

Sie: Obends, du Luschtmolch.

Er: Hat seine Hoheit ihre Hoheit ohne weiteres verlupft?

Sie: Komm ins Schlafgemach mein Turteltäubchen, mein Ein und Alles.

(Er schnarcht)

Sie: Edwin. Eeeeedwin! Hörsch du eigentlich gar it zua?

Er: Ha? Edwin geruhen schon zu ruhen, Hoheit.

Die Bank im Park

5 Personen: Ehepaar Dengler (Er) (Sie) · Ältere Dame (Dame)
1. Parkaufseher (1. Aufseher) · 2. Parkaufseher (2. Aufseher)
Ort: Im Park
Spieldauer: ca. 30 Minuten

(Herr und Frau Dengler sitzen auf der Parkbank)

Sie: Heut isch doch a wunderschöne Vollmondnacht — so richtig romantisch, wiea scho lang nimme. Ahhh.

Er: Ja und? Desch doch nix bsonders, Du duasch jo grad, wiea wenn Dr en Marsmensch oigahändig über dr Wäag laufa dät.

Sie: Du bisch doch ein Naturbanause, wo De d Haut aregt. It fir fünf Pfennig Sinn für d Naturschönheita.

Er: Schwätz doch it so blöd raus.

Sie: Dei Gefühlskälte schtinkt jo zum Himmel, daß es bloß so pfeift. Aber, wenn des Naturschauschpiel ebbes koschta dät, wärsch Du dr erschte, wo s gsea hon müaßt. No könntesch Dus it versauala. Wiea beim Fuaßball, do isch Dr jo au nix z teuer.

Er: Oi Vergnüaga muaß dr Mensch jo no hon.

Sie: Vergnüaga — do zahlsch no zwanzg Mark drfür, daß Du zuagucka derfsch, wiea diea sich d Knocha zamma schlaget. Des hot mit Schport nix meh zum dua.

Er: Was Schport isch entscheidet dr Deutsche Fußballverband — it Du — Gott sei Dank muaß ma saga.

Sie: Aber dieses einmalige Naturereignis —

Er: Dr Vollmond isch koi einmaligs Naturereignis, des sottesch afanga wissa. A Ereignis isch ebbes, wo sich äußerscht selta ereignet — des isch a Ereignis. Aber ebbes, wo sich jeden Monat ereignet, isch koi Ereignis. Diea Bezeichnung Mond kommt jo von Monat — oder umkehrt, auf alle Fäll ...

Sie: Auf alle Fäll bin i heut ganz happy.

Er: Noch isch jo recht. Am Vollmond naufschwärma wiea a siebzeahjährigs Mädle. Etz gohsch doch auf de Fuchzge zua — do sottesch afanga wissa, wiea dr Vollmond aussieht. Fuchzg Johr lang hettesch Zeit ghet zum naufglotza. Tausendmol — noi halt, des schtimmt it — des ka ma genau ausrechna — paß auf — also noch Adam und Riese — was hone gsagt ...

Sie: Hör doch auf mit dem Blödsinn, solang d Kinder no im Haus waret, bine jo zu nix komma.

Er: Etz müaßet no Kinder herhalta, wenn Du it woisch, wiea dr Vollmond aussieht. — Also zwölf mol pro Johr hettescht seit 50 Johr Gelegaheit ghet, ergo — also — ergo — hosch koi Tascharechnerle drbei?

Sie: Ja glaubsch vielleicht, i lauf bei einer so schönen Frühlingsnacht mitm Tascharechnerle rum?

Er: Also 50 x 12 — des wäret — noi halt, des ka ma oifacher rechna. Saga mr 100 x 12 = 1 200, geteilt durch zwoi, immerhin hettesch 600 mol den Molle scho agucka könna — aber ausgrechnet heut.

Sie: I derf doch wohl no saga, daß heut a wunderschöne Frühlingsnacht isch, oder? — Aber Du hosch jo a Gfühl, wiea en Holzklotz. Ja, loßt etz Di der Mondschein vollkomma kalt?

Er: Jo, vollkomma.

Sie: Aber Eduard, Romantik isch doch wieder so modern — des hot ma wieder, des isch zur Zeit richtig in. Brauchsch Deinen Gefühlen also koin Zwang adua.

Er: Modern, modern. Wenne des scho hör, no hone scho gveschpret.

Sie: Des kommt drvo, weil Du niea koi Illuschtrierte liesch, do brauchsch De it wundra, wenn Du it mitschwätza kasch. Do bisch halt niea up to date.

Er: Up to date, desch doch mir scheißegal, ob sich Prinzessin Corola — oder Carolina oder Catrina zehn mol scheida loßt oder zwanzg mol — oder ob sich d Hildegard Knef hinda oder vorna lifta loßt. Desch it mei Problem.

Sie: Aber lieaber Ma, a bißle was sott ma scho für d Bildung dua.

Er: Bildung, des isch doch alles bloß a Geschäftmacherei — aber mit de Dumme treibt ma d Welt um. Bei der Mode ischs am allerschlimmsta.

Sie: Du und Mode, daß ich nicht lache — haha —

Er: Lach Du no, — guck do, diea Krawatt, diea hone etz scho über dreißg Johr, diea isch heut no so modern wiea am erschta Tag.

Sie: Diea war domols it modern und isches heut gleich zwoimol it. Bloß drecket isch se wiea d Sau. Wiea mag ma bloß so rumlaufa?

Er: Das ist eine Frage der Pflege und diese obliegt normalerweise der Hausfrau. Die Betonung liegt hier auf „normalerweise" gell.

Sie: Ja, Du glaubsch doch it im Ernscht, daß i den schmotziga Fetza zu unserer Wäsch neidua. Diea wär mir jo no als Putzlumpa z uhygienisch.

Er: Komm, gib it so a mit Deim Muschterhaushalt.

Sie: Do, guck der Flecka isch no von Lenis Hochzeit — eindeutig — des war anna neunazwanzge, noi halt, daße it lieag — im Februar achtazwanzge — Rehbrota hots geaba, schtimmt, des isch en typischa Breiselbeerflecka — allerdings fertigkauft, koi selbergmachts Gsälz.

Er: Des siehsch au bloß Du, — wenn mas it wüßt könnt ma moina, s ghört zum Muschter.

Sie: Auf alle Fäll tragt ma in dem Modefrühling ganz andre Farba. Koi so a kitschigs altrosa — aktuell isch des Johr schilfgrün und ein ganz ein müdes brombeer-rotviolett — zur Not goht au no a petrol — alles andere isch Schnee von geschtern. Aber Du duasch jo mit Fleiß immer grad s Gegatoil von dem, was de andre dond — zum zoiga, daß ma a oigene Moinung hot — bloß zum Possa.

Er: I loß mi oifach it von dr Induschtrie manipuliera.

Sie: Koi Mensch will Di manipuliera, weder d Induschtrie no i, mir wellet bloß it, daß Du allaweil so altbacha rumlaufsch. Wiea en Bettler kommsch drher.

Er: Des sind doch alles Äußerlichkeita.

Sie: Bei Deim Oigasinn braucht ma sich it wundra, daß Du im Gschäft no aufm gleicha Poschta hockesch wiea vor zwanzg Johr.

Er: Weil i halt domols scho so weit oba war, daß es gar nimme weiter goht.

Sie: Jo und dr Erlewein — bei dem isches scheints ganga.

Er: Dr Erlewein, diese Superflasche, des ka ma doch it vergleicha, der isch jo schließlich verwandt zum Chef.

Sie: Du hosch au schneller a Ausred wiea a Maus a Loch. Etz fummla bloß it allaweil an dem alta Bendel rum.

Er: Neulich hone doch ra Delegation aus Japan unser neue EDV-Alag erklärt, diea waret ganz begeischtert.

Sie: Des ka scho sei — vielleicht gibts sowas bei dene noit.

Er: Ach was, doch it weaga dera Alag. Weaga meiner Krawatt, diea hond vielleicht Auga nagmacht, — obwohl jo en Japaner von Haus aus Glotzbebbel it so weit aufbringt wiea mir Europäer. Oiner hett se mir am lieabschta glei abkauft.

Sie: Des ka scho sei, vielleicht hot er dene drhoim zoiga wella, wiea mir Deutsche no hinterm Mond drhoim sind — a bessers Beischpiel wiea Di hettet se do gar it finda könna.

Er: Oh Weib, i bin froh, wenne morga wieder ins Gschäft ka, do isch a gewisse Logik wenigschtens Voraussetzung.

Sie: Gschäft, Gschäft — nix im Kopf wiea schaffa, Geld verdiena, Geld, Geld, Geld. Du wirsch scho no amol gnuag krieaga.

Er: Wer jammret mir denn immer d Ohra voll, dr Pulver dät hinda und vorna it langa, ha, wer? Wer pläret denn immer an mir nauf, ma sott a neus Auto hon, wer sait denn immer, diea alt Kischt bringet mir nimme durch dr TÜV?

Sie: Trotzdem ka ma d Natur a bißle meh äschtimiera.

Er: Ja moinsch vielleicht, wenne zum Vollmond naufglotz, bringe s Auto besser durch dr TÜV?

Sie: Schrei doch it so laut, Du wecksch jo no d Frösch auf do hanna im Teich.

Er: So isch recht, d Frösch wachet auf — d Frösch. Ja bin i denn hählinga auf dr Welt? — Tagsüber muaß i Rücksicht nemma auf d Nochbra ond obends auf d Grotta, etz derfsch bloß no saga, i soll nachts it so laut schnarcha, weil sonscht d Schpinna it eischlofa könnet.

Sie: Des isch jo die Höhe! Wo hond mir Schpinna? Kasch mr des saga?

Er: It bloß oine, unter meim Bett isch en ganza Kibbuz.

Sie: Du träumsch jo.

Er: Gott sei Dank träum i do, sonscht däte jo glatt Zuaschtänd krieaga, vor lauter Schpinna.

Sie: Desch jo a ungeheure Beschuldigung. A Diffamie in höchschter Potenz, mir hettet Schpinna im Schlofzimmer. Also des hot mir no koiner gsait.

Er: Des wett i Dir au it rota.

1. Aufseher: Ja, was isch denn do für en Leabtag? Do gohts jo zua wiea im Himmel vorduß. Jo sind mir denn aufm Johrmarkt?

Er: Siea, Herr Dings, mir könnet schwätze, was mir wellet, do brauchet mir koi Genehmigung. Von Ihne scho glei gar it.

Sie: Was mir schwätzet, ka jeder höra, gell Eduard.

1. Aufseher: Liebesszenen nebst Streitigkeiten sind auf den öffentlichen Parkbänken strengstens verboten.

Er: Streitigkeiten, daß ich nicht lache!

Sie: Hosch des ghört, Liebesszenen, desch jo lächerlich!

Er: Gucket Se lieaber auf de andere Bänk, it bei uns, do sind Se aufm Holzweg.

1. Aufseher: Das Auge des Gesetzes ka it überall sei. Des hot ohnehin alle Händ voll zum dua.

Sie: It überall, it überall.

1. Aufseher: Das Auge des Gesetzes hat für alle Unregelmäßigkeiten ein offenes Ohr.

Er: Unregelmäßigkeita — ha —

1. Aufseher: Das Auge des Gesetzes rieachts von hundert Schtund, wenn ebbes faul isch im Schtaate Dänemark.

Er: So so, was isch noch des do dieba in dera Wies? Do flacket sektionsweis Gammler umanander und lieget auf de Krokus rum, do kräht koin Hahn drnoch.

Sie: Aber do isch das Auge des Gesetzes z feig zum eischreita.

Er: Do hot das Auge des Gesetzes Angscht, s dät dr Ranza voll krieaga.

Sie: Do druckt das Auge des Gesetzes boide Auga zua, weils ganz enge Hösla ahot.

1. Aufseher: I brauch koine Belehrunga über meine Vorschrifta.

Er: Also, des isch a Uverschämtheit, i bin mit meim Latein am Ende.

Sie: Komm, gib it so a, Du hosch no niea lateinisch kenna.

1. Aufseher: So Schluß jetzt, meine Herrschafta — das Auge des Gesetzes hot etz d Schnauza voll von dera Diskutiererei.

Er: Das Auge des Gesetzes hot a Hornhautentzündung, des sieht nimme guat, des schielet, und zwar ganz gewaltig.

1. Aufseher: So und Ihr zwoi hocket jetzt weiter ausanander! Hocket aufanand doba, wiea d Häsleis, s isch doch wahrhaftig gnuag Platz auf dera Bank, jo wirds bald. Die Parkbänke dienen der Erholung und dürfen nicht von zweifelhaften Liebespaaren mißbraucht werden.

Sie: Hosch des ghört: zweifelhafte Liebespaare — müaßet mir uns des gfalla lassa?

(Eine ältere Dame kommt)

Dame: Entschuldigung, ist hier noch ein Plätzchen frei?

Er: Noi, Siea sehet doch, daß do besetzt isch, oder?

1. Aufseher: Ja, rutschet halt a bißle zamma, no hot des Fraule au no a Plätzle.

Sie: Grad hond Se gsagt, mir sollet it so eng zammahocka, weaga Sittlichkeitsgefährlichkeit, etz wäret mir plötzlich wieder recht drzua.

1. Aufseher: Vorher war des no was ganz was anders, do waret Ihr zwoi no alloi, jetzt ist im Sinne des Paragraph 16 B der Parkanlagenverordnung eine Aufsichtsperson zugegen, somit bestehen behördlicherseits keine Bedenken gegen eine gedrängte Sitzordnung.

Er: Jetzt müaßet mir no froh sei, daß diea Frau komma isch, als Aschtandswauwau.

Sie: Siea sind scho saumäßig kleinlich.

1. Aufseher: Es schtoht scho in dr Bibel — wehret den Anfängen.

Sie: Do gibts nix zum Wehra, lieaber Ma — leider, leider.

1. Aufseher: Eure Familienprobleme in Gottes Ohr, aber etz isch Heu gnuag hunda — finito — wiea mein Kollege Raphaelo immer sait. Schluß etz mit dene Fissematenta, do Fraule, hocket Se na.

Dame: Danke schön, Herr Wachtmeister, aber ich möchte diese Idylle keineswegs stören.

1. Aufseher: Siea schtöret überhaupt it, los hocket Se na.

Er: Des könnet doch Siea it beurteila, ob diea Frau schtört.

Dame: Das habe ich ja befürchtet.

1. Aufseher: Bitte etwas mehr Reschpekt, also Zuaschtänd sind des afanga, wiea im alta Rom.

Er: Also, do ka i mi beim beschta Willa nimme dra erinnra. Do war i nämlich noit auf dr Welt, aber Ihne dätes scho zuatraua.

1. Aufseher: Schluß jetzt. I han no meh zum Beaufsichtiga!

(Der 1. Aufseher geht)

Sie: Gang no!

Dame: Heute scheint doch der Mond ganz besonders lieblich.

Er: Etz fangt diea au no a! Lieabs Fraule, dr Mond scheint weder lieblich, no unlieblich. Do muaß i Siea saumäßig enttäuscha, der scheint überhaupt it, des hoißt, er scheint nur scheinbar, sozusagen anscheinend.

Dame: Wie darf ich das verstehen?

Er: Ja, weil der wird bloß agschiena, der Schein trügt — er scheint nur zu scheinen.

Dame: Aber ich sehe doch den Mondschein schwarz auf weiß.

Er: Lieabs Fraule, des isch a optische Täuschung. Es hat den Anschein, als schiene er zu scheinen. Gell. Der Mond ischt ein Schmarotzer, der Playboy der Geschtirne, ohne jede eigene Ausschtrahlung.

Dame: Ach, das höre ich heute zum erstenmal.

Er: Gucket Se, desch wiea aufm Fuaßballplatz, do werret d Fuaßballer au agschtrahlt vom Flutlicht, diea strahlet au it selber, und wenn se verlieret, glei zwoimol it.

Sie: Desch doch was ganz anders ...

Er: Wiea hot übrigens dr VfB am Samstag gschpielt?

Dame: 1 : 1, es war kein besonders schönes Spiel.

Er: So, so.

Dame: Schauen Sie, jetzt versteckt sich der Mond hinter einer Wolkenbank.

Er: Guckus ...

Dame: Ein überwältigendes Naturschauspiel.

Er: Natur isch Natur — sonscht gar nix. Natur hoißt natürlich, sozusagen s Natülichschte von der Welt, nix unnatürlichs und nix übernatürlichs, aber wer natürlich in der Natur ebbes übernatürlichs sieht, so wiea Siea, der reagiert natürlich unnatürlich.

Sie: Wisset Se, mein Mann hot immer recht, der diskutiert Ihne de schönscht Vollmondnacht unter dr Tisch.

Er: Komisch, manche Leut könnet oifach de Realitäta it ins Aug gucka.

Dame: Darf ich Ihnen ein Bonbon anbieten?

Sie: Gern, danke.

Er: Komisch, im Kino machsch immer dr gröschte Terror, wenn d Leut mit de Guezlespapierla raschlet, aber bei so einer stillen Vollmondnacht isch des scheints egal.

Sie: Mir schtöret jo nieamed.

Er: D Frösch könntet wieder aufwacha.

(1. Aufseher geht vorüber)

1. Aufseher: So — etz gohts jo auf oimol — gell. So en Mondschein hemmer it jeden Tag.

Er: Noi, Gott sei Dank. Schlimm, wenn er tagsüber au no scheina dät. — Aber wemmer amol wieder beim Mond sind — geschtern war wieder viel zviel Mondamin im Epfelkuacha dinna.

Sie: Do sieht ma, was Du für a Ahnung hosch. Bei Vollmond kommt

Sie: überhaupt koi Mondamin in Kuacha, koi Gramm. Do zieaht der Toig von selber a.

Dame: Ach, was Sie nicht sagen.

Sie: Ja freilich, des woiß a guate Hausfrau, des isch a Sache des Wasserhaushalts, wiea bei Ebbe und Flut.

Er: Ja, sag bloß, was hot denn Ebbe und Flut mit Deim Epfelkuacha zum dua. Vielleicht mit dr Flut, weil er immer hieba und dieba übers Blech naus lauft.

Sie: Also, descht jo allerhand.

Dame: So, so, dann verwenden Sie also bei Vollmond gar kein Mondamin?

Sie: Noi — nix.

Er: Desch doch Quatsch. Wieso hoißts noch Mondamin? Übrigens d Frau Schänzle ...

Sie: Aha — jetzt kommt wieder de alt Leier, d Frau Schänzle — diea ka besser kocha, diea verschtoht meh von Musik — diea hot en bessra Gschmack — diea nimmt koi Mondamin — warum hosch eigentlich it glei d Frau Schänzle gheirotet?

Er: Des woiß i eigentlich au it.

Sie: Also los schwätz, was isch mit dr Frau Schänzle.

Er: Also d Frau Schänzle — etz hosch me ganz draus brocht — etz fallt mirs nimme ei.

Dame: Wer ist eigentlich diese Frau Schänzle?

Sie: A ganz auftacklets Frauazimmer aus dr Nochberschaft.

Er: Auftacklet — hahaha — gepflegt — isch se — außergewöhnlich gepflegt.

2. Aufseher: Was sein hier für Krach? Du stören Lebewesen im Park.

Er: Diea langhoorige Leabeweasa, wo auf de Krokus rumlieget, loßet sich durch nix schtöra.

2. Aufseher: Paragraphe 19 A sagen, auf die Bänken müssen beherrschen Ruhe und Ordnung und nix Amore.

Er: Ja, scho wieder so en Paragraphareiter so en koschtümierta! Isch denn do irgendwo a Nescht?

2. Aufseher: Wenn nicht sofort Ruhe — ich müssen aufschreiben.

Dame: Aber Herr Wachtmeister, das sind doch ganz ordentliche Leute. Sie werden doch nicht dieses ältere Ehepaar anzeigen.

Sie: Hosch des ghört, Eduard, — ganz ordentliche Leute —

Er: Lieabs Fraule, i glaub, Siea ganget doch a bißle zweit.

Dame: Aber ich setze mich doch nur dafür ein, daß Ihnen nichts Unrechtes widerfährt.

Er: Mir werret scho selber fertig mit dem koschtümierta Gartazwerg.

Sie: Eduard, — etz gosch aber eindeutig zweit, der Mann erfüllt doch nur seine Pflicht.

Dame: Ich bin auch der Auffassung, daß er sich völlig korrekt verhält. Bei Mondschein ist die Luft eben so klar und dünn, daß man die Stimmen auf große Entfernungen wahrnehmen kann.

Er: Ja wer hört denn von uns zwoi schlecht, Siea, also, no muaße halt schreia wiea en Fuhrknecht.

Dame: Wie bitte?

Er: Dann muß ich öben schreuen wie ein Fuhrknecht.

2. Aufseher: Pssst! Mamamia, Du haben schöne Krawatte.

Er: Gell.

Sie: Etz fangt der au no a.

2. Aufseher: Prima Qualitäte, Producione Italia, picobello. Mann haben gute — wie sagen in Deutschland?

Er: Gute Geschmack.

Sie: Du können Krawatte kaufen — bagare 10 000 Lire.

2. Aufseher: Sagen wir 5 000 Lire.

Er: Du dätsch mir doch glatt mei beschts Schtück vom Leib weg verscherbla. Nix verkaufen. Souvenier.

Sie: Wieso, was Souvenier, wieso isch des a Souvenier, etz goht mir a Licht auf — des isch mir drzuana domols aufgfalla, daß diea plötzlich im Kloiderschrank ghanget isch. Wiea aus heiterem Himmel.

2. Aufseher: Pssst.

Sie: So, so, des isch a Souvenier, wahrscheinlich von der Frau Schänzle.

2. Aufseher: Ah, schon verstehen — Frau Schänzle sein Geliebte von die Mann.

Er: Schtoht des au in Ihre Vorschrifta dinna, daß Sie d Leut noch ihrem Liebesleaba ausquetscha müaßet?

2. Aufseher: Nix verstehen.

Er: Das sein Dein Glück.

2. Aufseher: Deutsche Sprache mir machen Zerbrechen in die Kopf.

Er: Ich Dir gleich machen Zerbrechen an die Kopf, Kinnhaken — päng, päng. Dann Du 14 Tage lang nicht mehr wissen, ob sein Male oder Weible. Gell.

Sie: Aber Eduard, Du lassen Mann in Ruhe. Er Dir haben nix getan.

Er: Du Blöckle wieder einschieben, sonst Du können mich kennenlernen, ich Dir zeigen, wo Barthel holen Moscht.

Sie: Eduard, Du nicht so schreien.

2. Aufseher: Ja, hübsches junges Fräulein haben recht.

Sie: Hosch ghört?

Er: Du hosch doch bis heut no nix drzua glernet. Do bisch Du Feuer und Flamme, wenn Dr oiner Honig ums Maul schmiert.

Sie: Komm sei zfrieda, Du warsch früher genauso, i ka me no wortwörtlich dra erinnra. Kleines, hübsches Fräulein, wie wärs mit uns beiden? Hübsches Fräulein hinda und vorna.

Er: Jo, domols hots jo au no eher gschtimmt.

2. Aufseher: Du schon wieder schreien, ich Dich müssen jetzt aufschreiben.

Sie: No, no, Du übertreiben mit Vorschriften, Du machen Mücke aus Elefant.

Dame: Aber, Herr Wachtmeister ...

Sie: Mein Mann kennen sich in Gesetze aus, er sein großes Tier in weltbekannte Firma.

Er: Seit wann Du sagen ich sein große Tier, Du doch sonscht sagen, Dein Mann sein ganz kleines Würschtchen.

Sie: Sei doch still ... Du müssen wissen, wir sein ehrliche Menschen, wir immer zahlen pünktlich Schteuern, wir haben eigenes Häusle und Gärtle gell, Du nicht meinen, wir sind hergeschwommen auf Brennsuppe.

Er: Suppe de — ah Suppe de — Du schon wissen.

(Ältere Dame zu 2. Aufseher)

Dame: Du wollen auch Bombole?

2. Aufseher: Oh mille gracie, danke. Sein nicht gut für Figur.

Dame: Aber schmecken prima.

2. Aufseher: Mille gracie.

Er: Wer it will hot ghet.

Sie: Wo Du wohnen?

Er: He — he.

2. Aufseher: Mühlgasse 7 B.

Sie: Nein, ich meinen, wo Du wohnen in Italien?

2. Aufseher: In Palermo.

Sie: Oh in Palermo. Wunderschöne Stadt.

Er: Du nicht so angeben. Du waren ja noch gar noch nie in Palermo. Du waren vielleicht schon auf Insel Mainau, noch nie noch nicht in Palermo.

2. Aufseher: Deutschland auch schön.

Dame: Oh ja, bellissima.

Sie: Du uns mal besuchen.

Er: Schpinnscht Du? — Du uns mal besuchen — des dät grad no fehla. Sagen Du doch gleich — Du mich mal besuchen, wenn Mann nicht sein zu Hause, ich Dir zeigen Briefmarkensammlung.

(1. Aufseher kommt dazu)

1. Aufseher: Do bisch jo, Raphaelo, i suach De scho wiea a Schtecknodel, s isch zehne, Feierobed.

2. Aufseher: Prima — Feierobed.

1. Aufseher: Guat Nacht die Herrschafta — und weiterhin viel Vergnüaga.

2. Aufseher: Bonna notte — mille gracia — mille gracia.

(Beide gehen)

Er: Des war etz a richtig romantische Vollmondnacht.

Die Jubiläumshymne

2 Personen: Edmund Kieferle, Käsereimeister (Kieferle)
Anatol Kowazczensky, Komponist (Kowaz)
Ort: Im Arbeitszimmer des Komponisten
Spieldauer: ca. 10 Minuten

(Kowazczensky komponiert am Flügel. Es läutet)

Kowaz: Ich koome, ich koome!

Kieferle: Grüaß Gott!

Kowaz: Schönen guten Tag, was wünschen Sie?

Kieferle: I bin dr Dings, dr Käsermeischter Kieferle senior aus Obereisabach. Sind Siea dr Herr Kowazczensky?

Kowaz: Ganz recht, der bin ich.

Kieferle: Siea sind mir nemlich empfohla worra als Komponischt.

Kowaz: So, so, sicher von meinem Freund Herbert!

Kieferle: Von wem, ha?

Kowaz: Von meinem Freund Herbert von Karajan.

Kieferle: Noi, noi, den kenn i jo gar it, noi, vom Vorschtand von dr Johrgängervereinigung 1908 von Obereisabach. Vom Marquardt Done!

Kowaz: Ach so, na ja, kommen Sie bitte herein — nehmen Sie Platz — hier bitte. Bitte da.
Also um was dreht sichs, Herr Oberkiefer — Herr, ah?

Kieferle: Also es dreht sich um folgendermaßa:
I soll für diea Johrgängerfeier vom Johrgang 1908 a Dings macha — a Jubiläumshymne — dr Text bringe selber zamma, ez suache ebber, wo a Melodie drzua erfinda dät, a bißle was Schmissigs, und do sind Siea mir empfohla worra. Wärmschtens!

Kowaz: So, so — den Text wollen Sie also selber gestalten.
Ja fühlen Sie sich denn dieser Aufgabe gewachsen?

Kieferle: Ja sowieso! Erscht letscht Johr hot mei Tante Sofie dr Siebzger gfeiret im Schwarza Adler in Wetzisreute, do hone a selbergmachts Geburtstagsgedicht vortraga, im Saal oba, mein lieaber Scholli! Do hond d Leut pläret, Rotz und Wasser! Drei Schtück hont pläret, wo it amol verwandt waret zur Tante Sofie. Diea hond tramplet und batschet vor Begeischterung, daß dr Wirt raufkomma isch, weil er Angscht ghet hot, daß Decke nabkracht. Sogar in dr Zeitung isches gschtanda.

Kowaz: Nun gut, dann zeigen Sie mir doch den Text der Hymne.

Kieferle: Ja, den hone noit, i hon denkt, Siea machet zerscht amol d Melodie.

Kowaz: Aber, aber, alle weltweit bekannten Kompositionen, die ich geschaffen habe, habe ich nach vorliegenden Librettis gestaltet.

Kieferle: Wisset Se was? Etz hilf i Ihne bei dr Melodie und Siea mir beim Text.

Kowaz: Lieber Mann, wie stellen Sie sich denn das vor, ich kann doch meinen guten Namen nicht leichtfertig aufs Spiel setzen. Wegen eines Vereins! Wenn, dann nur mit einem Pseudonym.

Kieferle: Jaa, Siea selber könnets also it macha?

Kowaz: Wie gesagt, nur unter einem anderen Namen.

Kieferle: Kommet Se, mir fanget a! Papier und Blei hone drbei. Haha, des reimt sich scho, des goht jo guat a. Also des isch so, diea Johrgängerfeier isch am 18. 9. morgens gega halbelfe. Und diea Hymne soll dr gmischt Männerchor zur Eröffnung introni — inhalie — also vortraga, gell. Auf Johrgang 1908 reimt sich nämlich en ganza Haufa — acht, kracht, Bedacht, Nacht. I hon scho ebbes: „Wir gratulieren in der Nacht dem Jahrgang neunzehnhundertacht."

Kowaz: Ja, sind denn die Feierlichkeiten nachts?

Kieferle: Noi, wieso? — Ach so! Ma mißts eaba verlega auf nachts — no däts bombamäßig nahaua. I kenn dr Vorschtand persenlich, mir sind per Du. Solle froga, ob mes auf nachts verlega ka?

Kowaz: Nein, nein, mir gefällt die Interpretation ohnehin noch nicht. Wie wärs denn mit Jubeltag oder Ehrentag oder so?
Ich habs — ich hahahabs:
„Ob diesem hohen Jubeltag
die ganze Welt sich freuen mag."

Kieferle: Desch doch en Blödsinn! Die ganze Welt sich freuen mag! Die ganze Welt — was interessiert denn des en Bananabieger in Afrika, wenn in Obereisabach a Johrgängerfeier isch. Do dreht der sich it um drweaga.

Kowaz: Das ist ja nur symbolisch gedacht. Wenn es die ganze Welt wüßte, würde sich auch die ganze Welt darüber freuen.

Kieferle: Ja wenn — wenn — wenn! Wenn des Wörtle wenn it wär!

Kowaz: Ich habs — ich hahahahahabs:
„Es jubiliert der Sängerbund,
heut gibt es einen Festtagsgrund."

Kieferle: Des isch saumäßig guat — des hoißt, mir hond gar koin Sängerbund in Obereisabach, bloß en Sängerkranz.
„Es jubiliert der Sängerkranz
im ehrenvollen Festtagsglanz."
Desch guat — weil diea hond sowieso bei jedem Feschtle en Glanz im Gsicht, daß es bloß so rauscht.
Also, wiea hone gsagt?
„Der Sängerkranz — ah — es musiziert im Jubelglanz der Festtagsglanz vom Sängerkranz."
Scho naus — ma sott alles glei aufschreiba!
Aber es isch au egal — weil des jo koi Jubiläum vom Sängerkranz isch, sondern vom Johrgang 1908.

Kowaz: Ich habs — ich hahahabs:
„Man freut sich heut vieltausendfach
im schönen Obereisenbach!"

Kieferle: Desch no dr größer Blödsinn! Was hoißt do vieltausendfach? Obereisabach hot doch bloß 185 Eiwohner.
Vielhundertfach — oder no besser: nahezu zweihundertfach! Obwohl — vieltausendfach kennt ma scho saga — weil manche freiet sich jo au öfters.

Kowaz: Wenns auch ein Untereisenbach gäbe, wäre die Sache schon glaubwürdiger.

Kieferle: Des gibts, des gibts.
Glei wenn Se von Siggaweiler herfahret, kommet Se über

Gornhofa durch Untereisabach noch Obereisabach.

Kowaz: Na also! „Es freut sich heut vieltausendfach —
Ober- und Untereisenbach."

Kieferle: Des goht au it! In Untereisabach frait sich koi Sau. Diea hond koi so a guats Verhältnis zuanander. Weil in Untereisabach hond se doch a Mehrzweckhalle baut. Und Obereisabach hot koine. Des gibt allaweil Schtenkereia.

Kowaz: Ich habs — ich hahahahabs: „Mein Obereisenbach am Rhein laßt uns voll Festtagsfreude sein."

Kieferle: Also des gfallt mr scho saumäßig guat. Sie sind ein Genie. Alles schunkelt.

(Beide singen)

„Mein Obereisenbach am Rhein laßt uns voll Festtagsfreude sein."

Kieferle: Halt! Halt! Des goht au wieder it! Obereisabach liegt überhaupt it am Rhein.

Kowaz: Künstlerische Freiheit, mein Lieber!

Kieferle: Noi — des isch nix. Diea schlaget mr jo Gosch voll, wenne mit so ama Text hoim komm.

Kowaz: In welcher Gegend liegt denn Obereisenbach?

Kieferle: In dr Bodaseegegend! Waret Se no niea det? Do däts Ihne au gfalla.

Kowaz: Aber — der Rhein läuft doch durch den Bodensee! Der Text kann also ohne weiteres so bleiben.
Also weiter, weiter!
„Bei schönen Fraun und reifem Wein."

Kieferle: Baberlabab — des isch doch dr Johrgang 1908! —
Des muaß hoißa:
„Bei reifen Fraun, geschöntem Wein laßt uns heut froh und munter sein."
Wunderbar — wunderbar!
Mensch, Siea sind a richtige Schtimmungskanone!

Kowaz: Also, nochmals!

Beide: „Schenk heut zum Fest ein Gläschen ein
in Obereisenbach am Rhein.
Bei reifen Fraun, geschöntem Wein laßt uns heut frööööööhlich seeeeein."

Kieferle: Klasse — ganz große Klass!
Moischter, was bine schuldig?

Der Vervielfältiger

2 Personen: Herr Emele · Herr Henselmann
Ort: In der Kopiererei
Spieldauer: ca. 5 Minuten

Emele: Tür zua — Tür zua — mir pfludret jo s ganze Papier furt. Schnell rei oder raus.

Henselmann: Sind bloß drei Blätter nabgfloga — s hot ene aber nix dua.

Emele: Moment schnell — i bin glei durch mit dr Auflag 45-46-47-48-49. So jetzt zu Ihne — Siea sind dr Herr ...?

Henselmann: Henselmann, Abteilung Entwicklung, 2. Stock, 3. Türe rechts.

Emele: Sind Siea scho lang bei uns? Herr Henselmann?

Henselmann: Seit halb neune — mir hond aber gleitende Arbeitszeit, do bine nieamed Rechaschaft schuldig.

Emele: Noi, i moin, sind Se scho lang hier in der Firma?

Henselmann: Seit 30 Johr, aber i schick sonscht immer der Herr Keil zu Ihne rab — aber der hot Urlaub.

Emele: So, so, no schaffet Siea also beim Herr Keil —

Henselmann: Noi, dr Herr Keil schaffet bei mir — seit Oschtra.

Emele: Siea möchtet ebbes vervielfältiga lassa?

Henselmann: Desch übertrieba — weil, der Apparat isch doch it vielfältig sondern einfältig — weil er bloß eine Sache kann. Wenn er vielfältig wär, könnt er it bloß vervielfältiga — sondern vielleicht no zaubra, oder singa, oder rechna, — oder ...

Emele: Aber der isch doch vielfältig — do ka i oi Kopie macha oder Einhundert, oder Eintausendzweihundertzwei.

Henselmann: Abgseha von dem brauch i bloß oi Kopie — fürs Patentamt, do ka ma doch it saga vervielfältiga.

Emele: Wisset Se, der Begriff viel isch relativ. Mir hond früher immer gsagt — viel führt ma auf de Wäga.

Henselmann: Oi Kopie isch weder relativ viel no relativ wenig — des isch ganz oifach wenig, weil weniger nimme goht. Und Ihr Kaschta isch einfältig! Damit baschta.

Emele: Geabet Se diea Vorlag her, no isch dr Kittel gflickt.

Henselmann: Gucket Se, des isch wiea bei ma Faltarock — do moint ma au, er wär vielfältig, weil er viele Falta hot, — er isch aber einfältig, weil jede Falt gleich aussieht wiea de ander. Er wär nur vielfältig, wenn von dene viele Falta jede anderscht ausseha dät.

Emele: Des isch mir zkompliziert.

Henselmann: Ihr Gsicht isch ein klassisches Beischpiel für Vielfältigkeit, des hot fascht so viele Falta wiea en Faltarock — aber jede hot a andere Form, sozusagen eine Faltenvielfalt. Gegenüber der Falteneinfalt.

Emele: Ja, soll i diea Kopie etz macha — oder wiea?

Henselmann: Wenn jede Kopie anderscht ausseha dät, denn wär der Kaschta vielfältig, wenn oine rot wär oder grün oder schpiegelverkehrt oder negativ.

Emele: Was glaubet Siea, was diea aufm Patentamt saga dätet, wenn oi Kopie schpiegelverkehrt wär und de ander negativ?

Henselmann: Siea schwätzet blöd raus — no wärs jo koi Kopie. I sag jo, der Kaschta taugt nix. Eine Kopie ist ein originalgetreues Abbild des Originals. Hond Se no niea a Kopie gseha vom a alta Meischter Rubens — oder so —

Emele: Scho oft — sehr guate Kopiea sogar.

Henselmann: Also — es gibt Kopiea, diea sind besser wieas Original. Aber des sind schlechte Kopiea — weil sie nicht originalgetreu sind.

Emele: Des isch klar.

Henselmann: Nix isch klar. Eine Kopie, wo besser ist als wie das Original ist genauso eine

	schlechte Kopie, wie eine Kopie die wo schlechter ist als das Original, verschtandet Se? Eine gute Kopie ist also immer so gut oder so schlecht wie das Original.
Emele:	Siea Herr ah ...
Henselmann:	Henselmann.
Emele:	Herr Henselmann, i sott wieder an d Arbet.
Henselmann:	An d Arbet hoißet Siea des — oi so a Blättle Papier obadrauf lega und alles andre macht der Kaschta.
Emele:	Ganz richtig — alles macht der oifältig Kaschta. Wenns Ihne it paßt, no könnet Se Ihren Plan jo von Hand abmola. Wiea de alte Meischter früher.
Henselmann:	Hano — Siea.
Emele:	Wenn Siea so hochintelligent sind, no entwicklet Se doch amol en Kaschta, wo Ihren Anschprichen genügt — wo vielfältiger isch oder wenigschtens it so einfältig wiea Siea.

Im Ländle

3 Personen: Herr Abt · Herr Stelzinger · Herr Karbitzky
Ort: Im Ländle
Spieldauer: ca. 9 Minuten

Abt: So Herr Stelzinger — isch ma au wieder amol im Ländle hoba?

Stelzinger: So isch.

Abt: Sind Se wieder gsund — isch wieder besser mit de Bandscheiba?

Stelzinger: S goht.

Abt: Do derf ma drzua it drmit schpaße — aber Siea kommet scho wieder ganz schee raus ausm Kreuz. Prima.

Stelzinger: S goht scho wieder.

Abt: Also, mi gohts jo nix a, aber wenn mir ebbes fehlt — ernschthafter gell, gang i immer zuma Dokter, wo des selber scho amol ghet hot, der hot diea Sach am schnellschta im Griff. Wo i an Pfingschta mei Magaverschtimmung ghet hon, bin i zum Dokter ...

Stelzinger: Ihne gohts aber soweit guat Herr Abt?

Abt: Bei Ihne isch jo no a Gelbsucht drzuakomma — d Frau Benz hot mirs gsagt — ein Unheil kommt selten allein.

Stelzinger: So hot ses Ihne wieder brüahwarm verzellt, diea Schwätzbas? Des hettet Se no früah gnuag von mir selber erfahra.

Abt: Ha jo, aber Siea waret jo drei Wocha krank. Mir isch halt aufgfalla, daß niemed meh gossa hot, — i hon Ihne freundlicherweise ab und zua a paar Kanna an Tomata na, s war höchschte Eisabah.

Stelzinger: Vielen Dank, aber des war überflüssig — mein Schwiegersohn isch obends jo immer rauf.

Abt: Hoi, do wär mir aber nix aufgfalla. S war amol immer saumäßig trocka.

Stelzinger: Guten Morgen Herr Karbitzky.

Karbitzky: Morgen.

Abt: Der grüaßt sogar — der eigebildete Lackaff — wenn er mi sieht, bringt er s Maul it auf — der macht it muh und it mäh — dieser ...

Stelzinger: So, so.

Abt: Der moint scheints, er wär ebbes bsonders. Mi gohts jo nix a, aber zu meiner Zeit wars üblich, daß dr Jüngere zerscht grüaßt. Und der isch beschtimmt jünger wiea i!

Stelzinger: Do wär i it so sicher, also ausseah duat er amol wesentlich jünger, aber des will jo nix hoißa.
Desch en Achtzehner, soviel i woiß.

Abt: Hoi, des wär mir aber neu, daß der en Johrgänger isch von mir.

Stelzinger: So genau kommts jo au it drauf a. Ma ka jo ausnahmsweis amol zerscht grüaßa, au wenn ma a paar Tag älter isch.

Abt: Des hone jo gmacht, scho zigmol, aber der nimmt dr Gruaß it ab — und sein alta Schlapphuat no viel weniger.

Stelzinger: Vielleicht sieht er schlecht?

Abt: Dr Karbitzky und it guat seah? Wenn der s Frailein Riedle sieht, — diea hot jo s Ländle do dieba, — dera winkt er scho mit Händ und Füaß vor se recht do isch.

Stelzinger: Desch it mei Problem.

Abt: Do schreit er scho von weitem: Einen wunderschönen guten Morgen, verehrte Frau Nachbarin. Daß em schier d Schtimm überschnappt! Do sind de zwoi Richtige beianander.

Stelzinger: Des goht doch mi nix a.

Abt: Neulich hot se wieder dr Vogel abgschoßa — unser Frailein Riedle. 25 Salatköpf sind ra gschoßa über Nacht. Aber des sieht jo en Blinda, daß a freistehen —
a alleinstehende, alte Jungfer des niea veressa ka — aber z knicket, daß se a paar Häuptla ins Waisahaus bringa dät — vor se nausganget — oder dera Türkafamilie in dr Veragass.

Stelzinger: Aber Herr Abt, des isch doch ...

Abt: Chrischtliche Nächschtenliebe — it fir fünf Pfennig! Aber Woch für Woch s katholische Sonntigsblättle austraga!

Stelzinger: I sott etz a bißle was dua, Herr Abt.

Abt: Se derfet bloß dera ihr Ländle agucka, no wisset Se alles — do isch jedes Wort zviel. Koi gotzigs Blümle — außer de Gänseblümla, wo von selber kommet — koi Gartazwergle — der Schandfleck der ganzen Kolonie!
Alles vollpfropft mit ihrem fremdländischa Lumpazuig. Chinakohl und Eissalat! Mir leabet doch it bei de Eskimos — oder?

Stelzinger: S wird jeder auf sei Art selig.

Abt: Und diea miggrige Pflänzla — grausam!

Stelzinger: Se baut halt biologisch a.

Abt: Biologisch! Diea reut doch jede Handvoll Kunschtdünger. De sell könnts dreifach raushola.

Stelzinger: Diea isch doch Vegetarierin — so viel i woiß.

Abt: Genau so sieht se aus. Leibarm und bloich, wiea en aufbahrta Bischof! Ma ka alles übertreiba.

Stelzinger: Siea werret Ihra Gmüas vom Ländle au it wegwerfa?

Abt: Noi, aber alles mit Maß und Ziel — i bin Halbvegetarier. A Halbe Bier, en Rettich und a halbs Pfund Schinkawurscht drzua — verschtandet Se? Dr goldene Mittelweg war scho immer s gsündeschte.
S goht mi jo nix a, aber letscht Woch hots Frailein Riedle sich neue Beeteinfassunga gmacht aus lauter leere Weiflascha.

Stelzinger: Ja, hett se volle nehma solla?

Abt: Alles Qualitätswei — wohlgemerkt! Ja hettet etz Siea so en Haufa Weiflascha, daß es für drei Beet roicha dät — ha? Mindeschtens vierazwanzg laufende Meter! Und auf dr Meter braucht se guat und gern elf Flascha — diea wo verrecket beim neimacha it mitgrechnet.

Stelzinger: Siea werret lacha, so a Eifassung dät mir au gfalla.

Abt: Herr Stelzinger, mi gohts jo nix a, aber so a Batterie Flascha dät i in zeah Johr it zammabringa — kaum mit de Bierflascha.

Stelzinger: Vielleicht sammlet s Frailein Riedle scho seit zeah Johr.

Abt: Des ka it guat sei — de ältescht Flasch isch en 89er — Müller-Thurgau. — Etz kommet Siea!

Stelzinger: Alle Achtung — Siea wisset aber genau Bescheid.

Abt: So große Schprüng könnt i bei meiner Rente it macha. Diea käm um Haus und Hof — wenn se ebbes hett — aber se hot jo nix.

Stelzinger: Siea sind aber guat informiert.

Abt: Jede Interessalosigkeit dem Mitmenscha gegenüber isch unverantwortlich. Ersch neulich isch wieder en Fall in dr Zeitung gschtanda — wo a Frau acht Tag lang bewußtlos in dr Wohnung gleaga isch — in Karlsruhe wars — und koiner hot sich drum kümmret.

Stelzinger: So was dätet Siea jo sofort merka.

Abt: Gott sei Dank, Herr Stelzinger — Gott sei Dank.

Stelzinger: A paar Tag Sonna dät de Beera scho no guat.

Abt: Mir sind d Amsla wieder mordsmäßig an Träubla ganga, diea schteahlet wiea d Raba, aber i muaß saga, se hond en Blick drfür, wos schönschte Sach wachst — bei mir hocket se dr ganze Tag rum. Aber dene dua i scho drfür. Und denn wundret se sich, wenn ma ne a Ladung Schrot ins Fidla jagt. — Des Gezwitscher dr ganz Tag goht mir sowieso auf d Nerva. Ma sotts oft it glauba, daß so a klois Tierle so en Mordslärm verführa ka.

Stelzinger: Ihne kas aber au niemand recht macha!

Abt: I glaub, s kommt a Gwitter, s isch scho ganz schwarz im Konschtanzer Loch.

Stelzinger: Hoi! No muaß i no s Reagafaß aufschtella und Gartaschtüahl reidua.

Abt: Ma sagt jo, beim Gwitter sind Leut bsonders uleidig und aggressiv — i bin bloß froh, daß i it so wetterfühlig bin. Aber soll jo Leut geaba, wo do glei ausm Häusle sind.

Stelzinger: Also von Ihne ka ma des it behaupta, do braucht it exschtra no a Gwitter komma.

Am Fahrkartaschalter

6 bis 8 Personen: Herr Schulze · Herr Bechtle · Warteschlange
Ort: Am Fahrkartenschalter
Spieldauer: ca. 6 Minuten

Schulze: Etz hoffe bloß, daß diea Frau do vorna bald woiß, wo se na will.

Bechtle: Wenn diea no lang braucht, fahrt uns dr Zug no vor dr Nas weg.

Schulze: Also, i moin, wenn ma a Fahrkart kauft, woiß ma doch scho von vornarei wo ma na will.

Bechtle: Es sind eaba it alle Leut so intelligent wiea Siea.

Schulze: Was soll des hoißa? Siea kennet mi doch gar it.

Bechtle: It direkt, aber Siea kommet mir oinaweg bekannt vor.

Schulze: Hoppla, etz gohts wieder a Ruckerle vorwärts.

Bechtle: I glaub fascht, mir kennet uns vom Seah.

Schulze: Jo, woher denn sonscht?

Bechtle: Jetzt dämmrets mir — Siea sind dr Oberamtmann Seitzinger.

Schulze: He, he — soll des a Beleidigung sei?

Bechtle: Drehet Se sich doch amol um, vielleicht komme drauf, wenne Siea von Vorna sieh.

Schulze: Ja glaubet Siea vielleicht, i gib do hanna a Privatvorschtellung als Dressman? Desch doch it so wichtig, ob mir uns kennet.

Bechtle: Noi, wichtig isches it. Aber s isch doch glei agnehmer, wenn ma verreist und ma hot en Aschluß.

Schulze: Mir langets, wenn dr Zug Aschluß hot.

Bechtle: Passet Se auf — do will oiner vordrängla, der soll gefälligscht hinda aschtanda.
Wohnet Siea vielleicht bei uns in dr Nähe?

Schulze: Des ka scho sei — aber i woiß jo gar it, wo Siea wohnet.

Bechtle: Wiesahofsiedlung 18 B.

Schulze: Ah, desch do oba am Käferwäldle.

Bechtle: Genau.

Schulze: I wohn genau entgegagsetzt.

Bechtle: Hoi — ja etz woiße au nimme, wo i Siea na dua soll.
Moment, — etz isch dr Groscha gfalla.

Schulze: No bine grad froh.

Bechtle: I sag bloß — Rota Ochsa!

Schulze: Was soll des hoißa — Rota Ochsa?

Bechtle: Ha im Frühjohr, wo mir Tauf ghet hond vom Enkele — vom Eberhärdle — do hend Siea gleichzeitig im Neabazimmer vom Rota Ochsa Hochzeit ghet von Ihrer Tochter.

Schulze: Do sind Se aufm falscha Dampfer — i hon gar koi Tochter.

Bechtle: No wars halt dr Sohn!

Schulze: I hon au koin Sohn, des hoißt, i hon scho oin, aber der isch scho seit acht Johr verheirotet — der schtudiert in Tübinga.
Was hots noch bei dr Tauf zum Essa geaba?

Bechtle: Bei uns Schweinelendchen und bei Ihne Rehbrota und Schpätzla.

Schulze: Des könnet mir it gwea sei — i iß gar koin Rehbrota — überhaupt koi Wild.

Bechtle: Do hette etz grad en Beasa gfressa daß Siea des waret. Im Alter loßt eaba s Denkvermöga noch — do hot ma eaba mit em Gedächtnis Potenzschwierigkeita.

Schulze: So — aha — no gohts jo nomol.

Bechtle: Aber etz hones — Siea sind der mit dem Auspuffkrümmer.

Schulze: Mit was für ama Krümmer?

Bechtle: Der wo bei mir im Gschäft — i schaff bei Autoteile Süd — den Auspuffkrümmer gholet hot für den VW zwölfhunderter.

Schulze: Noi, also erschtens hone gar koin VW und zwoitens — wenne oin hett — käm bei mir koin so en Dings na.

Bechtle: En Auspuffkrümmer — Ersatzteilliste Nr. 17 — E 149 — 27/39816. Der hot no rabhandla wella und isch dermaßa uverschämt worra, i hett em den Auspuffkrümmer am lieabschta auf dr Grind naufghaua — so en blöda Hund.

Schulze: Ach so — drum hend Siea gmoint, i sei des gwea. Jo gohts denn gar nimme vorwärts? S isch fünf vor halbe — dr Zug wird all Augablick komma.

Bechtle: Hond Siea vielleicht en Zwillingsbruader?

Schulze: Noi, und wenne oin hett, dät er mir jo so gleich seah, daß en Siea au wieder it kenna dätet.

Bechtle: Do muaß i Ihne recht geaba und wenn er Ihne it gleich seah dät — dät en jo glei zwoimol it kenna.

Schulze: Desch doch völlig belanglos, ob mir uns kennet oder it.

Bechtle: Siea — i hon neulich oin troffa, den hone nochweisbar 25 Johr nimme gseah — dem hone au auf Anhieb auf dr Kopf zuasaga könna — du bisch dr Dings — ah — dr — wiea hot er etz au ghoißa? — Isch jo egal — auf Anhieb!

Schulze: So, so — jo des will scho was hoißa.

Bechtle: Es wär natürlich durchaus möglich, daß i Siea mit jemand verwechsla — wenne wißt mit wem, wärs sicher wesentlich oifacher.

Schulze: Schwätzet Se doch it so blöd raus — wenns a Verwechslung wär, dätet Se me jo trotzdem it kenna.

Bechtle: Noi, also des ka ma it ubedingt saga — weil, desch en Unterschied, ob i den oina mit Ihne verwechsla oder Siea mit dem oina. Wenne Siea nemlich mit dem oina verwechsla — no däte Siea jo kenna — i moin, wenne Se kenna dät — und bloß den oina mit Ihne verwechsla.

Schulze: Siea — desch mir scheißegal, wen Siea mit wem verwechslet.

Bechtle: Des ka i it verschtanda.

Schulze: I kenn so en Haufa Leut, do kommts auf oin rum oder num au nimme drauf a. I kenn jo scho aufm Fuaßballplatz fascht jeden zwoita.

Bechtle: Etz hots gschnacklet — vom Fuaßballplatz kennet mir uns. S lohnt sich eaba doch, wenn ma a bißle nochsinnitiert. Wenn i no a Gedächtnis hett wiea vor 20 Johr, hette Ihne auf Anhieb saga kenna, Siea hoißet Maier oder Schulze oder Huber ...

Schulze: I bin jo dr Schulze. Dr Alfred Schulze.

Bechtle: Seahet Se — i hon doch gsagt, daße Siea kenn. Oder?

43

Der Traum von Haiti

3 Personen: Ehepaar Kehrle (Er) (Sie) · Donatus Zengerle (Donatus)
Ort: In Kehrles Wohnzimmer
Spieldauer: ca. 10 Minuten

Er: So Donatus, Du gibsch — mei Frau kommt raus.

Donatus: Also, was es mir heut nacht traimt hot, des war scho eine Wucht.

Er: Ja schpielet mir etz Karta oder hommer Märchenschtunde?

Sie: Etz loß en doch verzehla — Kartaschpiela ka ma no lang.

Donatus: Also mir hots traimt, mir waret z Haiti dunda — auf einer einsamen Insel — bloß mir und 18 junge Mädla, also lauter Haitianerinna, gell, und oine scheener wiea de ander.

Er: Ja etz sage gar nix meh.

Donatus: Dua doch it so scheiheilig, Du warsch doch selber drbei.

Sie: Do hosch mir wohlweislich wieder nix drvo verzellt.

Er: Komm schpiel etz weiter — so ein Blödsinn.

Donatus: Jo — also — 18 Mädle — kaum was a — bloß Binsaröckla. Also des trifft auf jeden von uns zwoi 9 Schtück.

Er: Traime sind Schaime.

Donatus: Aber schee wars! De schönscht von alle — Leila hot se ghoißa — i hon halt Leiläle zura gsagt — a ganz a Schwarze, sitzt mir links aufm Schoß und de zwoitschönscht — a ganz blonde — rechts. Und mein Fraind Wilhelm goht her und schpannt mr boide aus — seim beschta Fraind.

Er: I i i i?

Donatus: Jo D u u u, grad Du!

Sie: Du bisch doch bloß zfaig drzua, daß Du selber so ebbes traimsch, Du Mitläufer, Du bisch bloß drbei, wenns ema andra so was traimt.

Donatus: Also — zfaig wille it saga, der isch ran wiea Blücher.

Sie: Do hört mes wieder!

Er: So ein Quatsch!

Donatus: Heut nacht hosch aber ganz andere Töne agschlaga. Wer hot denn dene Mädla de ganz Nacht vorgsunga — eine Insel aus Traimen geboren ... ischt Hawaii —

Sie: Ja schämsch De Du denn gar it, Du alter Esel, bisch doch koine zwanzge meh.

Donatus: Des isch jo grad des, Frau Kehrle, im Traum, do waret mir jo erscht zwanzge, alle boide! Einzeln!

Sie: So eine Hundsgemeinheit! Sonscht hett mirs vielleicht it amol was ausgmacht.

Er: Der ka doch traima, was er will, der isch jo no Junggsell.

Sie: En aschtändiga Mensch traimt so ebbes au it als Junggsell. Schtatt daß Se ebbes traima däted — so wiea i — von ra Wallfahrt oder so, verführat Siea no mein Ma.

Donatus: Verführa!!!

Der hot me bittlet und bettlet, daß r mitderf. Und ageaba hotr wia zeah nackete Neger. Oinra hosch doch en Cadillac verschprocha, woisch des no?

Sie: En Cadillac — daß ich nicht lache, drweil isch de letscht Repratur vom Moped noit amol zahlt.

Er: Ja schpielet mir etz endlich weiter?

Donatus: Oinra hosch a Luft — a Luschtschloß verschprocha am Königssee und oinra en Ring mit 18 Karat.

Sie: 18 Karat — s wird immer no scheener und i derf mit meim Ehering scho gar nimme neilanga ins Schpiealwasser — sonsch dätr no vollends zammaroschta. Du bischt en Kassanowa, wo De d Haut alanget — en Schpruchbeutel obaraus.

Er: Du zieasch me do en a Sach nei, woe gar nix drfür ka!

Sie: Nix drfür ka — s isch bloß guat, daß dr Herr Zengerle do isch als Zeuge — etz kasch nix weglieaga.

Er: Etz roicht mrs noch so allmählich!

Sie: Mir roichts scho lang — drei Enkelkinder in d Welt neisetza und denn hählinga mit andre Weiber rumbussiera!

Donatus: Aber Frau Kehrle, desch doch it so schlimm — einmal isch keinmal.

Sie: Hockat drhoim scheiheilig rum wiea Nathan der Weise, hot alle Preschta, wo ma sich bloß denka ka, laßt sich Pantoffla azieah — weil er sich nimme selber bucka ka und sauft kantaweis Gallatee — und kaum isch ma dußa aus em Haus loßt ma d Sau raus.

Donatus: Wisset Se, Frau Kehrle — diea Mädla do dunda sind anderscht wiea bei uns. Koi krumms Wörtle — do hoißts it glei: Pfota weg oder so, also oifach richtig aufmerksam, it so verklemmt — it so verdorba — nix.

Sie: I hett domols auf diea Zigeunerin höra solla aufm Johrmarkt wo gsagt hot: Liebe Frau, Sie haben kein Glück in der Liebe!

Donatus: Bei Ihrem Ma hett se ganz sicher was anders gsagt. I moin natürlich it grad drhoimrum.

Er: Wenn De it aufhörsch, schmeiß i Di oigahendig zur Tür naus — no kasch an Deine Hula-Hulaweiber naufplära.

Donatus: I gang scho freiwillig, wenn ma d Wohret it amol vertraga ka.

Sie: Verzellet Se no weiter — mi ka nix meh umwerfa — dieser Luschtmolch!

Donatus: Jo und denn — etz kommt s Schönscht! Sind mir diea Mädla doch plötzlich dermaßa auf d Nerva ganga — furchtbar — no hone zu Ihrem Ma gsait — Wilhelm, wär i froh, wenn Dei Weib do wär, desch koi so a dumme Gans.

Sie: Ja wirklich, Herr Zengerle?

Donatus: Jo, und wiea en rettenda Engel kommet Siea plötzlich leibhaftig hinter dene Palma vor — natürlich au bloß imma Binsaröckle — gell! War i froh! Direkt erlöst.

Sie: Jaa, und was hot noch mein Ma gsagt, wo i plötzlich dogschtanda bin?

Donatus: Der hot so en Schroi nauslassa, daß mis aus em Bett nausghaua hot. Und do dra bine aufgwacht.

Die Elternsprechstunde

2 Personen: Herr Restle · Studienrat
Ort: Im Gang vor dem Klassenzimmer und im Klassenzimmer
Spieldauer: ca. 12 Minuten

(Im Gang vor der Klassentüre. Restle klopft an)

Restle: Do isch jo gar nieamed do — komisch — auf dem Zettel schtoht doch Donnerstag von 14 bis 16 Uhr — s Klassazimmer schtimmt au, 8 B, zwoi isches au — etz hond diea Lehrer doch wirklich Zeit gnuag — typisch — aber do isch wieder amol koiner.

(Schritte im Hintergrund)

Studienrat: Grüß Gott — wollen Sie zu mir?

Restle: Wahrscheinlich scho — i bin dr Vatter vom Restle — bin i do richtig bei Ihne?

Studienrat: Genau richtig — schön, daß ich Sie mal kennenlerne — bitte — kommen Sie herein.

Restle: So seahet Siea also aus Herr Oberschtudienrat — dr Bua hot scho viel von Ihne verzehlt.

Studienrat: Na, hoffentlich nur Gutes. Nehmen Sie doch Platz.

Restle: Doch, doch, s kommet koine Klaga.

Studienrat: Prima. Herr Rrrestle — Ihr Sohn macht mir Kummer.

Restle: Do sind Se it alloi.

Studienrat: Ja — gewaltiger Leistungsabfall in einigen Hauptfächern — in Mathematik zwei Noten abgerutscht.

Restle: Des hone komma seah — der Kerle hot doch sei Tascharechnerle verschlampet — ja glaubet Se i dät ihm a neus kaufa? — Fallt mir it im Schlof ei — der soll endlich amol auf sei Glump aufpassa.

Studienrat: Das benutzt er als Ausrede — aber das ist sicher nicht der entscheidende Punkt.

Restle: Des kommt drvoo, wenn ma nix meh em Kopf rechnet — do isch ma natürlich sofort aufgschmissa.

Studienrat: Ich bin auch kein Befürworter von diesen Rechnern — aber das Oberschulamt hat sie genehmigt und an diese Weisungen sind wir gebunden.

Restle: So isch recht. Der mit seim Schpatzahirn bringt im Kopf doch it amol zamma was 6 x 6 isch. Kopfrechna schwach. Des liegt in dr Familie mütterlicherseits. Unser Mutter isch genauso. Do roichts Haushaltgeld au hinda und vorna it. Und wenn se amol a Sonderangebot aufgablet, moint se scho, se sei ein Finanzgenie.

Studienrat: Das kann ich wiederum nicht beurteilen — sehen Sie hier in Deutsch bei meinem Kollegen Schneider, das gleiche Bild. Da wirds wohl auch eine fünf geben.

Restle: Er interessiert sich eaba für nix. Wenn i nomol jung wär — i dät Tag und Nacht nahocka —

Studienrat: Es ist nie zu spät —

Restle: Do hond Se Recht, zur Zeit lies i wieder a interessants Buach — einen Klassiker. Der Name Goethe isch Ihne doch sicher ein Begriff?

Studienrat: Ja, wie darf ich das verstehen?

Restle: I moin jo bloß, weil Siea hond jo im Unterricht mit dene Altmoischter nix zum dua. Soviel i woiß geabet Siea doch Mathe und Physik.

Studienrat: Ganz richtig — ist mir aber trotzdem ein Begriff — hahaha ...

Restle: Um so besser — des hone au wieder amol hindarum erfahra, daß der bloß neababeruflich dichtet hot. Hauptberuflich war der jo Geheimagent — ah Geheimrat.

Studienrat: Na ja, so eng darf man das nicht sehen. Aber nun zu den Leistungen Ihres ...

Restle: Wenn em Goethe d Arbet amol gschtunka hot, hot er dr Bettel oifach nagschmissa und isch abghaua — noch Italien — ade du schöne Heimat — du Land der Dichter und Denker.

Studienrat: Na ja.

Restle: Herr Oberschtudienrat, wenns noch dem ganga dät, müäßt i oft verreisa. Und no viel, viel weiter.

Studienrat: Nun, das war eben noch eine andere Zeit — aber es geht mir bei unserem Gespräch eigentlich mehr um die schlechten Leistungen Ihres Sohnes, als um die Reiselust des Herrn Goethe.

Restle: Ohne Schponsor hett er des gar it macha könna. Gucket Se dr Toni Mang — Europaweltmeister — also Motorradmeister, wär ohne Schponsor — do dät der au unter ferner liefen fahra.

Studienrat: Wie erklären Sie sich denn den rapiden Leistungsabfall Ihres ...

Restle: Wochaweis war der Goethe unterwegs mit dr Poschtkutsch.

Studienrat: Fürwahr, ein abenteuerliches Unterfangen.

Restle: Sell au — aber Zeit hosch hald en Haufa verplembret. Etz i war am letschta Sonntag mitm Omnibus in Venedig — Abfahrt morgens um viere am Charlottaplatz und zur Schportschau ware wieder drhoim. Pünktlich wiea en Zoiger. Bei manche Sacha isch dr Fortschritt scho en gewaltiga Seaga.

Studienrat: Ist ein Tag nicht doch etwas knapp bemessen?

Restle: O wo — alles gseah. Wenns des domols scho geaba hett, wär dr Herr Geheimrat am Montag au wieder im Gschäft gwea. In seiner Geheimnis — in seiner Geheimkrämer — in seiner Geheimkämmerei.

Studienrat: Für die Nachwelt wars sicher besser so.

Restle: Auf alle Fäll — aber wenn ma denkt, domols hots jo no koine Autobahne geaba — immer querfeldein. Aber wenns oine geaba hett, hett er mit seim lahma Karra gar it naufderfe.

Studienrat: Herr Restle, darf ich ...

Restle: Mein Neffe hond se mit seim Moped rabgholet — weaga Überschreitung — weaga Unterschreitung der Höchstgeschwindigk... weaga Unterschreitung der Mindestgeschwindigkeit. Aber in dr Poschtkutsch hot dr Goethe wenigschtens neabaher dichta könna, do wär im Omnibus nix drin. Obwohl, der war jo angeblich ein Genie. Und so oiner schüttlets jo oft mir nix dir nix ausm Ärmel.

Studienrat: Ohne Fleiß kein Preis.

Restle: Aber beschwerlich wars scho. Wenn ma denkt, was unsere Vorfahra früher auf sich gnomma hond.

Studienrat: Da haben Sie recht.

Restle: Gell. Zum Beischpiel dr Hamlet — noi Hannibal — wo mit seine Elefanta, wo mit Mann und Maus über d Alpa num isch. Mein lieaber Scholli. Und Elefanta sind doch so schwerfällige Tschole. Des sieht ma doch im Zirkus, wiea schwierig des isch, bis diea amol ihra Fidla nochdond. Do hot Kapell scho dreimol en Tusch blosa, bis diea schpuret.

Studienrat: Herr Restle, wir sollten zum Thema kommen, wir ...

Restle: Obwohl, dr heutige Tourismus bringt au seine Schtrapaza mit sich und zwar nicht zu knapp. Zwoi Schtund hommer an Pfingschta am Bodasee aufs Essa gwartet. Gschlagene zwoi Schtund. Und diea Bockwürscht hommer gar it guat dua. Dr ganz Mittag hone s Ranzaweh ghet. Aber wenn ma denkt, was diea Leut früaher für Opfer brocht hond, diea Leibeigene. Johreweis Schtoiner schloifa für diea Paläscht und Schlösser und Kircha — so ka mas Ranzaweh scho amol en Mittag in Kauf nehma.

Studienrat: Herr Restle, ich wäre Ihnen sehr dankbar, wenn Sie meine pädagogischen Bemühungen nach Kräften unterstützen würden.

Restle: Do brauchet Se koi Angscht hon — der krieagt amol wieder d Löffel voll, no flutschts wieder a Weile. Aber hundertprozentig! Er hot jo von Haus aus Göthe ghoißa — also mit ö.

Studienrat: Gewiß, gewiß.

Restle: Aber im Ausland gibts jo koi ö, also koine Schtrichla ufm o, i moin koine i-Dipfla ufm o, und weil er sich so oft im Ausland rumtrieb — also weilte — hot er sich denn Goethe gschrieba, mit oe.

Studienrat: Soviel ich weiß, hat man erst später bei seinen Übersetzungen das oe gewählt.

Restle: Des wär au möglich, weil in der Firma, wo i schaff — beim Hörmann-Spritzguß — seit mir so viel exportiert — vor allem ins Ausland, hoißt unser Firma Hoermann — au ohne Schtrichla

	aufm ö — in Brasilien wärs gar it notwendig gwea — weil unser Filiale hoißt do bloß Spritzguß do Brasil. Aber schada duats au nix.
Studienrat:	Es wird jetzt aber wirklich Zeit, daß wir auf Ihren Sohn Robert zu sprechen kommen.
Restle:	Auf was für n Robert denn — i kenn koin Sohn namens Robert.
Studienrat:	Ja, Ihren Sohn Robert.
Restle:	Ahwa, mein Bua hoißt Willi — scho allaweil — eigentlich Wilhelm — ma sagt eaba Willi.
Studienrat:	Jetzt geht mir ein Licht auf — wir haben doch zwei Restle in der Klasse, den Robert und den Willi — jetzt sieht die Sache natürlich ganz anders aus. Ihr Willi ist doch seit Jahren der Beste in der Klasse.
Restle:	Ja hon i oi Schterbenswörtle gsagt, daß der it schpuret? Siea hond doch immer motza wella — immer — ihn madig machen wellen. Noi, noi, dr Willi schlagt ganz mir nooch — hochintelligent — hochintelligent.

Dr Geburtstag

2 Personen: Fräulein Spannagel · Herr Härle
Ort: Im Wohnzimmer von Fräulein Spannagel
Spieldauer: ca. 14 Minuten

Härle: Grüaß Gott, Frailein Spannagel.

Spannagel: Jaaa — dr Herr Härle — Grüaß Gott Herr Nochber, kommet Se rei.

Härle: I möcht Ihne im Nama von meiner Frau und meiner Tochter — und vor allem von mir meine herzlichschte Gratulationsglückwünsche ausprecha. I hons zuafällig geschtern in dr Zeitung gleasa. Alles, alles Guate, Frailein Spannagel, und weiterhin auf gute Nachbarschaft.

Spannagel: Vielen, vielen Dank. Sitzet Se na!

Härle: Guat sind Se beinander. Prima!

Spannagel: Wisset Se — in meim Alter woiß ma it, was besser isch — ma hot no de erschte Zeh und scho dr dritte Ma — oder no dr erscht Ma und scho de dritte Zeh.

Härle: Des glaub i Ihne gern.

Spannagel: Aber i ka do jo eigentlich it mitschwätza, i war jo no niea verheirotet. Gott sei Dank!

Härle: Ma woiß halt niea, wieas ausgoht.

Spannagel: Do isch mir sicher manches verschpart blieba.

Härle: Wahrscheinlich.

Spannagel: A verheirotete Frau hocket doch immer wiea auf Nodla. Des hört ma jo so oft, daß dr Ma zum Zigaretta hola goht — und futsch isch er — auf Nimmerwiedersehn.

Härle: Freilich, s gibt scho Männer, wo koin Schuß Pulver wert sind — aber do ka a Frau jo bloß froh sei, wenn sich so ein Schlawiner nimme blicka loßt.
Siea — aber ehrlich — daß Siea fünfadachzg Johr aufm Buckel

hond, des dät ma Ihne auf Anhieb au it aseah — do muaß ma scho näher na.

Spannagel: Des wille au hoffa, des war jo au en Druckfehler — i bin in Wirklichkeit erscht fünfasiebzge.

Härle: Drum, des wär jo ein biologisches Wunder — ohne lifta wär des fascht it möglich. Aber diea Filmschauschpielerin in Frankreich dieba — wiea hoißt se jetzt au — isch jo egal — diea behauptet doch au scho seit dreißg Johr, se sei sechzge. Schteif und fescht.

Spannagel: I behaupt fei gar nix — i hon keinen blassa Dunscht, wiea des in Zeitung neikommt. Ehrawort!

Härle: Ja — und sogar mit Foto. Do seahet Se vorteilhaft aus auf dem Bildle. Des isch sicher a ältere Aufnahm?

Spannagel: Herr Härle — i wett koi Königstochter sei oder so a Filmdivia — it um viel. Diea Prominente hond doch koi Privatleaba — nirgends sind se sicher vor dene Zeitungsfritza wo se auflauret — also pietätlos — diea verfolget se doch bis ins Schlofzimmer.

Härle: Se schmieret scho viel in dr Zeitung rum.

Spannagel: Des hot ma jetzt bei mir wieder gseah!

Härle: Aber Frailein Spannagel — des isch doch a Bruschtbild — wenn mi it alles täuscht isch des doch a gschtellte Aufnahm. Des sieht it drnoch aus, wiea wenn Siea ohne Ihra Eiverschtändnis knipst wora wäret.

Spannagel: Do isch jo au nix drbei — oder?

Härle: S goht mi jo au nix a. Aber es isch doch a hohe Ehre, wenn ma in Ihrem Alter no in Zeitung neidruckt wird. Krottabroit.

Spannagel: I hon Ihne scho hundertmol gsagt, daß i noit so alt bin. Fünfasiebzge und koi Johr meh und dobei bleibts.

Härle: Aber fünfasiebzge isch doch au koin Pappaschtiel — des muaß doch a agnehms Gfühl sei, wenn ma des Alter no zu Leabzeita erreicht.

Spannagel: Des war eine vorsätzliche Gemeinheit. Do schteckt dene ihra Putzfrau drhinter — do friße en

Beasa — diese Giftnudel. Des war eine Retourkutsche — mit dera hone doch kurz noch dr Währungsreform eine geischtige Auseinandersetzung ghet — diese —

Härle: A was — des isch doch dene auf dr Zeitung wurscht, wiea alt Siea sind — Hauptsach, Siea hond Geburtstag, und diea hond was zum schreiba.

Spannagel: Des müaßet diea mir gerichtlich büaßa.

Härle: Do könnet Siea gar nix drgega macha — des fallt alles unter das Gesetz der Pressefreiheit. Do zieaget Se dr Kürzere.

Spannagel: I loß mi doch it vermanipuliera. — Trinket Se a Gläsle Portwein?

Härle: Ja gern. Aber Frailein Spannagel — loßet Se sich doch Ihren Ehratag it versaua — weaga so einer Bagatelle.

Spannagel: So hoißet Siea des — in meim Alter sind zeah Johr meh oder weniger koi Bagatelle — des werret Se scho no merka — so Gott will.

Härle: Was wellet Se denn, Siea honds schwarz auf weiß, daß Se no eiwandfrei beinander sind. Do schtohts — Frailein Spannagel feiret in geistiger und körperlicher Frische ihren — obacht — Siea verläpperet jo dr ganz Portwein — schad um jedes Tröpfle — kommet Se, i hilf Ihne.

Spannagel: Soo — Prosit.

Härle: Auf Ihra Gsundheit. — Ja, was hond Se denn do für en scheena Gschenkkorb?

Spannagel: Von dr Schtadtverwaltung. Dr Schtellvertreter vom 2. Bürgermeister war oigahändig do.

Härle: I hons gseah — i war zuafällig dr ganze Morga am Fenschter — der hot sich aber lang aufghalta — fascht drei Schtund — gell.

Spannagel: I hon it auf d Uhr guckt.

Härle: Do schimpft ma immer über Beamte und der schaffet sogar no am Sonntag. Des gibt Überschtunda zamma.

Spannagel: Ha no, schaffa ka ma jo au it grad saga. Er isch jo au fürschtlich bewirtschaftet wora. Moinet Se vielleicht, oiner wo auf dr Schtadt schaffet, könnt sich all Tag a halbs

Pfund Schinkawurscht leischte? Hausmacher Art — wohlgemerkt!

Härle: Ein wunderbarer Geschenkkorb.

Spannagel: Jo — aber es sieht noch meh aus — unda hond se en ganza Schubkarra Holzwoll neigwurschtlet — do hett no viel Platz ghet.

Härle: Es sieht eaba dekorativer aus.

Spannagel: Scho — aber an dr Holzwoll kane it rabbeißa.

Härle: Ja und diea herrlich Hartwurscht — a echte Salami — gell. Diea hond sich aber wirklich it lumpa loßa.

Spannagel: Schee isch se scho — aber ma ka doch einem Menschen in meim Alter koi so a bockelharte Wurscht schenka. I bin nemlich koin Kerle meh auf de Zeh.

Härle: Typisch Schtadtverwaltung — hinda und vorna nix denka.

Spannagel: Gwiß wohr — wiea wo se des Schtück von dr alta Schtadtmauer abgrissa hond — do hond se au so en Blödsinn gmacht.

Härle: Dia isch bockelhart — diea Wurscht.

Spannagel: Eaba — diea giebe ins Altersheim — diea alte Leutla sollet au a Fraid hon.

Härle: Ja — und dieser herrliche Blumaschtrauß!

Spannagel: Au von dr Schtadt!

Härle: I hons im Hausgang scho gschmeckt, do duftets jo wiea am Sonntag auf dr Insel Mainau.

Spannagel: Fallt Ihne ebbes auf?

Härle: It direkt?

Spannagel: Rieachet Se amol näher na. Etza?

Härle: Ahaa — jetzt hots gschnacklet. Des sind gar koine echte Bluma — diea sind künschtlich — gell?

Spannagel: Des moine it — des sieht ma doch von hundert Schtund. Sonscht fallt Ihne nix auf?

Härle: Halt daß des Chrisanthemema sei sottet. Aber erstklassig nochgmacht — handwerklich eiwandfrei.

Spannagel: Eaba — und rieacha dond se noch Veilchen — und des schtinkt mir saumäßig.

Härle: Siea hond aber a feins Näsle. Wiea? Tatsächlich! Ja wiea ka sowas passiera?

Spannagel: Das wissen die Götter. I nimm eaba a, daß des Fließbandarbet isch aus Japan — und im Land der Lotosblume könnet se halt it schmecka, wiea Chrisanthema rieacha müaßet.

Härle: No hond diea s Kunschtblumaparfüm verwechslet — so eine Gschmacksverwirrung.

Spannagel: Des war sicher it Absicht!

Härle: No hond diea Deppa sicher gmoint, Chrisanthemema riechet noch Veilchen. Aber alle Achtung, daß Siea des in Ihrem Alter no gmerkt hond.

Spannagel: I bin noit so alt. — Aber selbscht wenn des Veilchen wäret, wär mir sofort aufgfalla, daß diea künschtlich sind — weil ein echtes Veilchen ka von Haus aus gar it so nooch Veilchen rieacha — des ischt ein Naturgesetz. Künschtliche Veilchen riechet immer ärger noch Veilchen wiea echte Veilchen.

Härle: Aber dr Schtadtverwaltung hetts doch auffalla müaßa, daß do ebbes faul isch.

Spannagel: Des isch jo s Verhängnisvolle an dem Druckfehler. Diea hond eaba denkt, a alts Weib mit fünfadachzge merkt des nimme.

Härle: Ja, no moinet Siea eventuell, daß d Schtadtverwaltung moint, Siea dätet au it merka, daß des künschtliche Bluma sind?

Spannagel: Noi, noi, so weit denket se au wieder it. Se hond wahrscheinlich denkt, diea Bluma hebet mi no vollends aus.

Härle: Des dät jo au hinhaua, wenn Se fünfadachzge wäret.

Spannagel: S könnt jo vielleicht au so no roicha.

Härle: Diea werret Auga namacha, wenn se merket, daß se zum Achtzigschta und Fünfadachzigschta nomol so tieaf in Schtadtsäckel neilanga müaßet.

Spannagel: Desch it mei Problem.

Härle: In dem seiner Haut möcht i au it schtecka, wo des verbockt hot. I hon Ihne au ä kleine Überraschung.

Spannagel: Aber Herr Härle — des wär doch wirklich it nötig.

Härle: Schaltet Se amol dr Radio ei.

Spannagel: Do bine aber gschpannt.

(Musik)

Der macht schee warm, der Portwein.

Härle: Des schpart ma an de Kohla wieder rei. Hond Ses scho im Keller?

Spannagel: I dua vorsorglich bloß ganz wenig her. En Verwandte von mir hot doch so saumäßig Pech ghet — denket Se, der hot no im Früahling leichtsinnigerweise 15 Zentner Brikett herdua.

Härle: Wieso — do sind se am billigschta.

Spannagel: Quatsch — koine drei Zentner hot er verfeuret, no hot er s Zeitliche gsegnet. Dr Rescht — de andere 13 Zentner kaner in dr Kamin schreiba.

Härle: 12 Frailein Spannagel — zwölf!

Spannagel: Auf so a Risiko dät i mi it eiloßa. Vorsicht ist die Mutter der Porzellankischte.

Härle: Und jetzt hocket die lachenden Erba im Warma. Wie das Leben oft schpielt. Passet Se auf. Etz kommts!

Radio: In Altbierlingen feiert Herr Sebastian Eichhofer seinen 90. Geburtstag — in Ellwangen begeht Frau Cilly Hofer geborene Knapp ihr 95. Wiegenfest und in Obereschach wird heute Fräulein Genoveva Spannagel in geistiger und körperlicher Frische 85 Jahre alt. Herzlichen Glückwunsch! Für unsere Jubilare singt Willy Schneider „Aus der Jugendzeit".

Spannagel: Ja des isch aber ein selten schönes Geschenk. Ja so eine Überraschung. Spitze!

Härle: S duat mir jo loid, daß diea au gsagt hond — zum fünfundachtzigschten.

Spannagel: Noi, noi — jetzt bine grad selber im Zweifel, wisset Se, wenn ses sogar im Radio bringet, no wird scho ebbes dra sei.

D Exportepfel

2 Personen: Konrad · Herr Zähringer
Ort: Obsthalle von Herr Zähringer
Spieldauer: ca. 8 Minuten

Konrad: Ja, sag amol, Zähringer, so en Haufa Kischta! Sind do lauter Epfel dinna?

Zähringer: Jo sicher, alles Epfel. Was hosch wella, Konrad?

Konrad: I krieag a Kischtle goldene Dilitschitus.

Zähringer: Delicius sind koine meh do — scho alles weg — exportiert, noch Frankreich nei. Jonathan und Boskopp kasch no hon.

Konrad: So, so, bis noch Frankreich nei verscherblescht Du Dei Obscht — Überseegeschäfte sozusagen.

Zähringer: I hon fascht 50 % Export.

Konrad: Export hoißt ma des — woisch, do verschtand i nix drvo.

Zähringer: Desch so: Eiführa hoißt ma importiera, ausführa hoißt ma exportiera.

Konrad: Ja, müaßt des no it ausportiera hoißa?

Zähringer: Do ka i au nix macha, s hoißt halt so.

Konrad: Ja, isch denn des so, daß der im Inland exportiert und der im Ausland importiert?

Zähringer: Noi, noi, so oifach isches au wieder it, der im Ausland ka genauso exportiera und der im Inland importiera.

Konrad: Ja hoißts noch Inlandsexport und Auslandsimport oder hoißts Auslandsexport und Inlandsimport?

Zähring: Paß auf — mir sind für en Ausländer jo genauso Ausländer, mir sind bloß bei uns drhoim Inländer und der Ausländer isch bei sich drhoim jo au koin Ausländer — sondern en Inländer, außer er wär en Ausländer.

Konrad: No isch des also so: Für mi isch en Franzos doch en Ausländer, wenn i aber noch Frankreich fahr, isch dr Franzos dr Inländer und i bin dr Ausländer.

Zähringer: Richtig, im Grunde isch jo jeder en Inländer und en Ausländer. Drum könnt ma do ohne weiteres saga, ma exportiert vom Inland ins Inland oder ma importiert vom Ausland ins Ausland — oder umkehrt.

Konrad: Desch kompliziert.

Zähringer: Noi, noi, desch no lang it kompliziert, aber s könnt kompliziert werra. Paß auf — i sag Dir a Beischpiel: I hon doch en Bekannta, z Paris dieba — en Franzos.

Konrad: Jo, jo des sind oft moischtens Franzosa.

Zähringer: Der hoißt René.

Konrad: Guat — weiter.

Zähringer: I woiß it, wiea der weiter hoißt.

Konrad: Noi, i moin, Du sollsch weiterverzehla.

Zähringer: Ach so, jo — paß auf — agnomma der René lauft durch d Markthalla z Paris und denkt — heidanei — natürlich auf französisch — also olala — beigott was hots do für scheene Epfel.

Konrad: Womöglich Epfel von Dir?

Zähringer: Richtig — woisch, dr Franzos isch en gebürtiga — en geborena Guromee — aus dem ff. Du wirsch niea en Franzos seah, wo dr Epfelbutza mitfrißt — niea! Der haut beim Essa it alles zamma auf oin Teller so wiea mir — wiea Kraut und Rieaba. Alles nochanander — peu a peu — sozusagen.

Konrad: Ja und wenns am Sonntig Schweinebrota und a Sößle und Schpätzla gibt?

Zähringer: Alles nochanander!

Konrad: Ja, und d Soß, saufet se diea au extra?

Zähringer: Konrad, wenn i so langsam schaffa dät wiea diea esset wäre scho lang verhungret.

Konrad: Ja und wiea esset denn d Franzosa Kässchpätzla?

Zähringer: Joo, au hinteranan ... des hoißt, do kennet se dr Käs au nimme rausholla und extra essa.

Konrad: Ja Du, Zähringer, wiea war etz des mit Deim Freund René in de Markthalla z Paris?

Zähringer: Ach so — joo — agnomma, der kauft zwoi Pfund Delicius — gell, und denkt zuafällig — i könnt doch amol wieder mein Freund Zähringer bsuacha — in Germany.

Konrad: Also Di?

Zähringer: Jo, mi — schteckt diea Epfel in Hosasack und macht bei mir a Bsüachle.

Konrad: Jo und?

Zähringer: Ja merksch nix?

Konrad: Noi — halt daß der Dir Deine oigene Epfel mitbringt.

Zähringer: Genau — oder oifacher ausdrückt: Diea Epfel, wo i vom Inland ins Ausland exportiert hon, des hoißt, wo diea im Inland vom Ausland importiert hond, werret vom René wieder exportiert — des hoißt, von uns im Inland wieder vom Ausland importiert.

Konrad: Ja, wiea isch noch des, wenn dr René von Dir hier zum Essa eiglada wird und muaß diea Epfel hier gar it essa und nimmt se wieder mit hoim?

Zähringer: Denn exportiert, denn importiert, — noi — dann re-importexportiert er ... Konrad, des ka i Dir beim beschta Willa nimme erklära. No gohts zua wiea in der EG.

Konrad: Jo, dätet des Deine Epfel überhaupt aushalta?

Zähringer: Selbverschtändlich — diea sind jo fünfmol gschpritzt.

Konrad: Jo isch des it ugsund?

Zähringer: Ugsund? Noi — grad im Gegatoil. Wenn Du noch Kenia nabfahrsch, muasch De jo au schpritza lassa — gega Malaria — oder so. Alles für Gsundheit — wieso soll ma noch bei de Epfel a Ausnahm macha?

Konrad: So, gib mr etz mei Kischtle Epfel! Aber oine von dene ugimpfte, wo noit so weit in dr Weltgschicht rumkomma sind.

De elektronisch Orgel

2 Personen: Herr Kieferle · Herr Zähringer
Ort: Im Wohnzimmer von Herrn Zähringer
Spieldauer: ca. 8 Minuten

Kieferle: So, Grüaß Gott, Herr Zähringer, i dät gern s Zeitungsgeld abkassiera.

Zähringer: Grüaß Gott, Herr Kieferle, so, was machts?

Kieferle: Zwölfmarkachtzig — weil Sieas sind.

Zähringer: Hoi, hots wieder aufgschlaga?

Kieferle: Jooo, aber unwesentlich!

Zähringer: Desch doch komisch, jeden Hennadreck bringet Ihr in Eurem Käsblättle — bloß wenns meh koscht, dodrvo schtoht niea nix dinna.

Kieferle: Ha no, des erfahret Se jo no früah gnuag. Was hondr denn für a schöne Musik im Radio?

Zähringer: Desch doch it im Radio — desch mein Enkel in seim Zimmer dieba.

Kieferle: Sackzement, alle Achtung!

Zähringer: Gell, do schlackret Se mit de Ohra.

Kieferle: Schpielt er scho lang?

Zähringer: A woo, no koine vier Wocha — des isch jo grad des — und heut haut er scho La Paloma rab, daß es bloß so schtaubet.

Kieferle: Wirklich große Klasse! Mei Enkele, dr Herbert, lernet Klavier. Der goht scho seit drei Johr in d Musikschual.

Zähringer: O jee, Klavier! Do könnet Ihr noo zeah Johr lang Geld neibuttra bis der La Paloma intus hot — oder no länger. Desch dr groß Nochtoil vom Klavier. Etz mei Enkele lernet alles noch em Ghör. Der isch jo au musikalisch wiea d Sau.

Kieferle: Des hört ma — do isch scho Dampf drhinter!

Zähringer: Wisset Se, Herr Kieferle, i sag immer: Musik isch doch a Schteckapferdhobby. Des soll doch Schpaß macha — oder? Und Ihr Enkele, der arm Kerle, muaß johraus johrei in d Musikschual neidappa — Sommer und Winter — grad im Winter isch doch des a Plogerei. Kommt in Unterricht und s friert en an d Füaß woiß wiea.

Kieferle: Ha no, er muaß jo it mit de Füaß schpiela.

Zähringer: Gucket Se, oiner wo Klavier schpielt, braucht mindeschtens acht Johr, bis er a oigene Band aufmacha ka.

Kieferle: Jo, des ko scho sei.

Zähringer: Etz mei Enkele derf bloß auf a Knöpfle drucka und scho hot er a Schlagzeugbegleitung und auf a anders Knöpfle, no hot er dr Baß drbei.

Kieferle: Desch aber doch sicher teuer, so a elektronische Orgel.

Zähringer: Was hoißt teuer? Desch a einmalige Ausgab — wenn der jedesmol a paar Mann zum Musiziera braucht — allaweil en Remmidemmi auf dr Bude — do isch au jedesmol en Kaschta Bier weg. So muaß ma rechna!

Kieferle: Do hend Se au wieder recht.

Zähringer: Aber desch it dr oinzig Grund. Der hot jo so a kleine Bude, do hettet gar it drei oder vier Mann Platz. Früher, zu Mozarts Zeita, war des no was ganz was anders, do hot ma no große Wohnunga ghet. Do hot dr alt Mozart selig scho no saga kenna: Wolfi, bring deine Schpielkamerada mit. Do war Platz gnuag für Baß und Schlagzeug und Xylamon, gell.

Kieferle: Desch scho wohr!

Zähringer: Aber heutzutag — bei dene Sozialwohnungsverhältnis isch do nix meh drin.
Höret Ses? Etz hot er dr Baß neighaue — desch etz en Boogie-Woogie.

Kieferle: Sauber — do könnt ma grad moina, s dät a ganze Kapell schpiela.

Zähringer: Gell — aber mir leabet jo im Zeitalter dr Rationalisierung, warum soll ma grad ausgrechnet do koine Leut eischpara?

Kieferle: Jo, aber warum sinds noch grad bei de Oberkrainer so en Haufa Leut?

Zähringer: Herr Kieferle, des ka ma it vergleicha. Gucket Se, diea kommet doch aus Ungarn oder Bulgarien — gell — in dr Puschta isch Platz gnuag. Diea könnet im Freia üaba. Oder vor ihre Hazienda naushocka — do kräht koin Hahn drnoch. Im Gegatoil — do sind d Leut froh, wenn a bißle was botta isch — do hinda gibts jo koin Radio und koin Fernseher und nix. Aber was glaubet Se, was los wär, wenn mein Enkel vors Haus naus hocka dät und dät afanga jazza zwische de Häuserblöck. Do wär was los!

Kieferle: Also Herr Zähringer, des hot sich dr Schumacher oder Schuster au it traima lassa.

Zähringer: Was für en Schuster?

Kieferle: Noi, halt — desch jo en Torwart, i moin dr Dings —

Zähringer: Sicher dr Schubert oder Schumann.

Kieferle: Jo, dr Schubert ... au it traima lassa, daß ma bloß aufs Knöpfle drucka derf und scho hot ma Schlagzeugbegleitung.

Zähringer: Em Beethoven hetts jo nix gnützt, der war jo sowieso taub. S Leaba goht weiter, Herr Kieferle! I woiß it, was d Leut allaweil hond mit der blöda Noschtalgie. Heut gibts doch Schachcomputer, do brauchts koin zwoita Mann meh. Desch doch bloß en Vorteil — sonscht hocket dr oiner hinna und verführt a blöds Gschwätz — und verschtinkt dr d Bude — Schachschpieler rauchet jo meischtens Pfeifa — jo und wenn er verliert, no hot er no a blöde Gosch.
En Computer schluckt alles ohne mit der Wimper zu zucken.

Kieferle: Und raucha duat er au it. Hahaha.

Zähringer: Eaba! Herr — Kieferle — Siea sottet etz ganga — i muaß me richta — i hon um fünfe Singschtund. — Do isch dr Zeitungsbeitrag.

Kieferle: So — in d Singschtund ganget Se? Ja wiea ischies noch do mit dr Rationalisierung? Sind Siea do au bloß alloi — und drucket auf a Knöpfle — oder?

63

Der Intelligenz-Quotient

4 Personen: Heiner · Engelbert · Herr Kehrle · Bedienung
Ort: In der Wirtschaft
Spieldauer: ca. 10 Minuten

(Am Wirtshaustisch)

Heiner: Ja, sag amol, Engelbert, was machsch denn Du für a Gsicht na, isch Dr a Laus übers Leberle gloffa?

Engelbert: A Wuat hone im Ranza. Saubua, nixiger! Faulenzer elender!

Heiner: Von wem schwätscht denn Du?

Engelbert: Ahwas, von meim Jüngschta, a Zeignis hot er wieder hoimbrocht, daß em Teufel graust.

Heiner: Ma sait jo, dr Apfel fällt nicht weit vom Baum.

Engelbert: Schwätz it so saublöd raus. Do däte zerscht amol vor dr oigena Haustür kehra.

Heiner: Ja isch er durchgfloga?

Engelbert: Quatsch, jetzt ka ma doch it hockableiba. — Aber wenn er solche Nota im Sommer hoimbringt, bleibt er hocka — unweigerlich.

Heiner: No hot er aber Glück ghet.

Engelbert: Der soll koi Glück hon, der soll nahocka auf sei Fidla und ebbes lerna, aber dem due drfür, so ein fauler Sieach — der isch nemlich it unintell — it untelli — also it dumm. Aber nix wiea Unsinn im Kopf — Fuaßball, Fuaßball.

Heiner: Hee, hee — seit wenn isch denn Fuaßball en Usinn? Du gohsch doch selber jeden Sonntig auf dr Fuaßballplatz!

Engelbert: Desch was anders, i hon jo koine Fünfer im Zeignis.

Heiner: Sechser wäret minder!

Engelbert: Eaba it — no wißt ma wenigschtens, er kas it besser.

Reine Faulheit — Heiner — der hot nemlich en Intelligenz-Quotient von 122.

Heiner: Ja warsch noch scho beim Dokter mit em?

Engelbert: Du sottesch zum Dokter — wenn Du so saudumm drherschwätscht. Hosch gmoint, dr Intelligenz-Quotient wird mit em Fieaberthermometer gmessa, Du Obergscheidle.

Heiner: Hoi, do kommt dr Kehrle — Grüaß de Gott!

Kehrle: Grüaß Gott mitnand!

Engelbert: Grüaß de Gott, Kehrle!

Kehrle: So, was gibts neus?

Heiner: Unterbrich etz it, mir sind beim Diskutiera. Wiea hoißt etzt des? Intelligenz-?

Engelbert: Quotient!

Kehrle: Ihr werret lacha, des Wort hon i au scho amol ghört.

Engelbert: Des will nix hoißa — desch also en Tescht — auf deutsch gsagt a Gehirnwäsche — a ganz hinterhältige Ausfrogerei — do will ma eaba rausbringa, was oiner aufm Kaschta hot.

Kehrle: Au wieder so en neumodischa Lupagruscht — des hots bei uns früaher alles it braucht.

Heiner: Des schtimmt, wenn oiner früaher a Belobigung krieagt hot wars en Schtreber, wenn oiner hockablieba isch hot ma gwißt, desch en Faulenzer.

Bedienung: Was derfe bringa, Herr Kehrle?

Kehrle: A Halbe und a paar Brezla.

Bedienung: Gern.

Engelbert: Dr Einstein Albert hot zum Beischpiel en Intelligenz-Quotient ghet von 264.

Kehrle: Dr Einstein, desch doch der, wos elektrisch Licht erfunda hot?

Engelbert: Quatsch, der hot doch d Relativitätstheorie erfunda. Ma sagt doch manchmol: s isch alles relativ.

Heiner: Jo was gibts denn do zum Erfinda? Also s isch scho komisch, mit was d Leut s Geld verdienet.

65

Engelbert: Des war jo au it alles, der hot neabaher no a paar andre Sächala erfunda — zum Beischpiel d Atombomb und so.

Kehrle: Scheints lauter Sacha, wo ma im täglicha Leaba hinda und vorna it braucha ka.

Heiner: So, so, Einstein hot der ghoißa?

Engelbert: Freilich, aus Ulm isch er gwea.

Heiner: Jo, hot der noch s Ulmer Münschter erfunda?

Engelbert: Ja wieso denn des?

Heiner: Ja, weil, des isch doch relativ hoch.

Engelbert: Also, wenn Ihr weiter so blöd rausschwätzet, kane jo glei drhoim zu meim Weib na hocka.

Bedienung: So, s Bier und Brezla — zum Wohl!

Kehrle: Zum Wohl!

Engelbert und Heiner: Zum Wohl!

Kehrle: Woisch, Engelbert, i moin halt, wenn oiner ebbes erfindet sotts au en Wert hon — i hon gleasa, daß en Graf namens Bouillon d Floischbrüah — also Bouillonsuppa erfunda hot — desch a Sach — aber an dr Relativitätstheorie ka ma it rabbeißa.

Engelbert: Bei Dir dreht sich halt alles bloß ums Essa und ums Saufa. Und ganz früaher war nomol ebbes! S gibt aber au no andere Sacha auf dr Welt.

Heiner: Ja no schwätz doch — wiea funktioniert des mit dera Theorie praktisch?

Engelbert: Desch relativ schwierig, desch so kompliziert, des hot it amol dr Einstein erklära könna.

Kehrle: Desch doch en Blödsinn, wenne ebbes erfunda hon und kas selber it amol erklära.

Heiner: No kas dr Engelbert glei zwoimol it.

Engelbert: I sag Eich amol a Beischpiel: paß auf, Heiner — wenn Du morgens um sechse hoimkommsch, isch des relativ schpät — wenn en Nachtwächter morgens um sechse hoimkommt, isch des relativ früah.

Heiner: Ach sooo, ja des woiß i scho, do kenn i au a Beischpiel: drei Hoor aufm Kopf sind relativ wenig, drei Hoor in dr Suppa sind relativ viel.

Kehrle: I moin allaweil, des war a bißle en Scharlatan, der Einstein — so ebbes woiß doch jeder Depp.

Engelbert: Paß auf — ima kloina Suppahafa sind drei Hoor relativ viel, aber in ra riesiga Gulaschkanon relativ wenig, do trifft pro Person it amol ois.

Heiner: Und wens grad trifft, desch reiner Zuafall.

Kehrle: Des schtimmt, also wenns bei mir drhoim Gulasch gibt, do triffts mei Weib vier oder fünf Brocka Floisch und mi trifft gar nix.

Engelbert: So wiea i Dei Weib kenn, isch des koin Zuafall.

Kehrle: Des ka scho sei, weil des passiert relativ oft.

Engelbert: Aber selbscht wenns Zuafall wär, hett des mit dr Relativitätstheorie nix zum dua.
Des isch ganz was anders, des hoißt: das Gesetz der Wahrscheinlichkeit.

Heiner: Mariele, bring no drei Halbe.

Kehrle: Also so ein Blödsinn — Gesetz der Wahrscheinlichkeit — heut tragsch aber scho ziemlich dick auf — also i war doch über 20 Johr Gerichtsdiener aufm Landgricht — i hon in meiner ganza Laufbah mindeschtens 2 000 Prozeß mitgmacht, i kenn mi bei de Gsetz besser aus wiea in meim Hosasack und besser wiea mancher Richter, aber ein Gesetz der Wahrscheinlichkeit gibts nicht — also do friße en Beasa.

Engelbert: Des isch doch a Naturgsetz.

Heiner: Wenns des geaba dät, hett jo immer jeder gleich viel Floisch vom Gulasch aufm Teller.

Engelbert: It immer, aber durch Zuafall kas passiera.

Heiner: Etz krieage grad Hunger — Mariele bring mr a Suppa.

Engelbert: Mir au oine.
Gib mir amol a Markschtückle — Heiner.

Heiner: Des krieage aber wieder — gell.

Engelbert: Freilich — etz gucket amol her —

67

des wirf i jetz in d Luft — so wiea ses allamol beim Fuaßballschpiel ausloset, wer zersch nab schpielt oder nauf. Adler — nomol — wieder Adler — nomol — Zahl — nomol — Adler —

Kehrle: Siesch — alles Zuafall!

Engelbert: Auf alle Fäll hot en Gelehrta folgendes ausgrechnet: bei vier Würf isch es sehr wahrscheinlich, daß zu 37,5 Prozent boide Zahla gleich oft drakommet, aber 25 Prozent schprechet drfür, daß dr Adler bloß oimol oder sogar dreimol drakommt.
Bei de reschtliche 6,25 Prozent isches so, daß dr Adler überhaupt it oder sogar viermol drakommt. Do hosch Dei Mark wieder.

Heiner: Wenn Du des alles so guat woisch, warum verliersch denn beim Funkaringwürfla allaweil?

Engelbert: Weil mir do viel, viel öfters würfla müaßtet.

Kehrle: No könnt ma jo au ausrechna, was für Zahla im Lotto drakommet.

Heiner: Hunderttauset Mark dätet mir grad guat.

Engelbert: Des ka ma au ausrechna.

Heiner: Also komm, do hosch a Mark — no tippsch für mi — zeah Prozent vom Gwinn sind für Di.

Engelbert: Wenn ma des ausrechna wett, bräucht ma leider mindeschtes 20 Johr drzua — und denn wär eaba nix meh dra verdient, weil — wenn ma 20 Johr schaffet, isch meh verdient wiea hunderttauset Mark.

Kehrle: No isch wahrscheinlich des dr Grund daß de moischte Leut schaffet, schtatt rechnet.

Heiner: Heut hommer scho a sonderbars Thema — i glaub, mir schpielet doch besser Skat.

Engelbert: Ois schtoht fescht, wenn ma en Intelligenz-Quotient wiea dr Einstein hett, könnt ma d Lottozahla ohne weiteres in kürzeschter Zeit ausrechna.

Heiner: Mir isch aber nix bekannt, daß dr Einstein amol im Lotto gwonna hett.

Engelbert: Weils des domols noit geaba hot — wenn er aber heutzutag tippa dät — hett er sicher amol sechs richtig — aber ganz sicher Fünfer am laufende Band.

Kehrle: So wiea mei Bua im Zeignis.

Bedienung: Soo, do sind diea zwoi Süppla.

Engelbert: An dene Schternla in dera Suppa könnt ma grad a Beischpiel schtationiera — bei mir sind vielleicht 9 840 Schternla drin und bei Dir 12 008 —

Kehrle: Es sieht aber so aus, daß bei Dir meh dinna sind.

Engelbert: Agnomma, mir esset etz 2 000 mol so a Suppa, könnts vorkomma, daß bei Dir wieder 1 208 und bei mir 9 840 Schternla dinna sind. Oder umkehrt.

Kehrle: Ja kennt des au passiera, daß i allaweil weniger Schternla dinna hon wiea Du?

Engelbert: Des ka passiera, aber bloß, wenn Di dr Wirt it verputza ka — sonsch isches uwahrscheinlich.
Und weil des wahrscheinlich uwahrscheinlich isch, beruht auf dieser Tatsache de ganz Rechnerei.

Engelbert: Aber wenn ebbes uwahrscheinlich isch — isches doch koi Tatsache.

Kehrle: So en Blödsinn, etz isch mir dr ganze Appetit auf diea Schternlessuppa verganga. Mariele bring mir a Erbsasupp — no hots endlich a End mit der blöda Rechnerei.

Engelbert: Kehrle — ois will i Dir saga — wenn diea Erbsa it verdruckt wäret, sondern ganz — dät des Beischpiel bei dr Erbsasupp genau so hundertprozentig nahaua.

Die Reklamation

2 Personen: Herr Hofer, Angestellter der Firma Mixi-Max (Hofer)
Herr Emele, Besucher (Emele)
Ort: Im Büro
Spieldauer: ca. 8 Minuten

(Es klopft)

Hofer: Herein.

Emele: Grüaß Gott — Entschuldigung — i suach die Reklamationsabteilung.

Hofer: Wen?

Emele: Die Abteilung für Reklamationa.

Hofer: Do könnet Se lang suacha. Bei unsere Gerät gibts koine Reklamationa ergo — also brauchet mir au koi Abteilung drfür — des isch bei uns so übrig wiea en Kropf.

Emele: Des moinet Siea vielleicht — Euer Mixi-Max isch a Mordsglump — eine Fehlkonschtruktion aus dem ff.

Hofer: Etz verhebet Ses no.

Emele: Mei Frau hot sich saumäßig in d Finger neigschnitta.

Hofer: Des isch natürlich bedauerlich.

Emele: Des wär no s wenigscht — aber s Aprätle isch higanga — 28 Mark mir nix, dir nix zum Fenschter nausgschmissa.

Hofer: Demnoch hend Ses scho länger — seit 1. 8. koschtets nemlich 36,80, do hond Se no äußerscht preiswert kauft — 8,80 hond Se glatt gschpart.

Emele: So ka ma au saga.

Hofer: Des war mit Sicherheit en Bedienungsfehler. Weil des Gerät isch absolut idiotasicher. Wahrscheinlich hot Ihr Frau recht saudumm naglanget.

Emele: Was hoißt saudumm naglanget — mei Frau isch jo schließlich koi klois Kind meh.

Hofer: Selbscht des dürft nix ausmacha — weil der Mixi-Max isch kindergesichert. „Gemüseschneiden ist ein Klacks mit dem beliebten Mixi-Max". Mir kommet mit dr Produktion gar nimme nooch. Mir hond Abnehmr in dr ganza Welt.

Emele: Des bezweiflet jo nieamed.

Hofer: Eine zunehmende Abnahme — schlimmer wärs, wenn die Abnahme abnimmt — des hoißt zuanimmt.
Obwohl, des isch egal ob ma sagt: abnehmende Abnahme oder zunehmende Abnahme der Abnahme.

Emele: Sind Se doch froh wenns lauft.

Hofer: Mir hond aber keine Abnahme der Abnahme — sondern eine Zunahme der Abnahme.
I sag Ihne a anders Beischpiel: Wenn jemand zdick isch und abnehma will und ab und zu weniger zu sich nimmt, nimmt der Vorrat an Lebensmittel zunehmend zu und die Person nimmt zunehmend ab.
Schlimmer wärs, wenn die Abnahme-Abnahme zunimmt. Es gibt natürlich ab und zu auch eine Zunahme-Abnahme, des hoißt, wenn die Zunahme nicht mehr zunimmt sondern abnimmt.

Emele: Desch jo alles guat und recht, aber —

Hofer: Die Frage isch nur:
Nimmt die Zunahme immerzu ab oder zu oder nur ab und zu zu oder ab? Es isch leider so, daß grad diea Leut, wo abnehma wellet und ab und zu weniger zu sich nehmet, trotzdem zunehmend zunehmet und nicht zunehmend abnehmet. Verschtandet Se? Natürlich nehmet rein zahlamäßig diea, wo abnehma wellet, immer zu und diea, wo zunehma wellet, nehmet immer meh ab.

Emele: Mir wärs eigentlich lieaber, Siea dätet mir mein Maxi-Mix ersetza, als wiea en hochwissaschaftlicha Vortrag halta.

Hofer: Gucket Se — de ganz Wand do hanna mit dene Leitzordner — alles Dankschreiba durch die Bank — koi einzige Reklamation — wenn des Gerät nicht so ausgereift wäre, könntet mir it a Johr Garantie geaba.

Emele: Siea bringet mi auf a Idee — do isch jo no Garantie doba, etz siehts nomol anderscht aus. Der Garantieschei muaß eigentlich no in meiner Brieaftasch sei — wenn ihn nicht meine lieabe — des könnt er sei — jawohl — hat ihn schon. Ordnung isch das halbe Leben.

Hofer: So ein Zuafall — so ein Pech.

Emele: Wiea — was?

Hofer: Diea Garantie isch ausgrechnet geschtern abglaufa.

Emele: Wiea — tatsächlich — aber geschtern war jo bekanntlich Sonntag, do hett i jo it komma könna — do hond Ihr doch sicher it gschaffet.

Hofer: Ha noi.

Emele: Desch eine granatamäßige Lumperei — des ghört verbota — daß a Garantie am Sonntag abläuft — ein ganz ein übler Trick — des hond Se sich jo raffiniert ausdenkt.

Hofer: Schwätzet Se doch it so unqualifiziert drher — Siea hettet a ganzes Johr lang Zeit ghet — noi, ma muaß es so lang nausschieaba bis es zschpät isch.

Emele: Ja hett i denn reklamiera solla wo des Glump no ganz war? Siea müaßet scho vielmols entschuldiga, aber s isch leider erscht geschtern higanga.

Hofer: Immerhin hots a ganzes Johr lang eiwandfrei funktioniert.

Emele: Von wegen — a Johr lang eiwandfrei funktioniert! Mir honds jo geschtern zum erschta Mol benützt — was hoißt benützt? Benütza wella! Und denn war Sense!

Hofer: Aber, mir brauchet gar it lang rumschwätza um dr hoiße Brei — Garantie isch abglaufa — Siea seahet doch, daß i Ihne gern helfa dät — aber s goht beim beschta Willa it.

Emele: Aber des wär doch für Siea a Kleinigkeit, wenn Se den Garantieschei en Tag zrückdatiera dätet. So was hoißt ma Kulanz!

Hofer: Siea moinet vordatiera. Sauber — so was hoißt ma Urkundafälschung. Siea dätet mi no hinter Schloß und Riegel bringa. I mach Ihne en Vorschlag — etz bringet Se Ihren Maxi-Mix amol verbei — und i guck en amol a.

Emele: Den könnet Se glei agucka — i hon en do — in meiner Aktatasch.

Hofer: Der isch jo no ganz verbluatet — ja und d Schutzkappa liegt exschtra drbei — und Batterie isch verkehrt dinna — Moment — bitte — goht doch eiwandfrei.

Emele: Ja wenn des so isch — no hond Se mi aber ganz schee agloga — Siea hond doch gsagt, der sei idiotasicher.

Beim Schuahmacher

4 Personen: Berthold Pott, Schuhmacher (Herr Pott)
Maresa Pott, Frau des Schuhmachers (Frau Pott) · Alma Rimmele, Kundin (Rimmele)
Herr Krause, Interviewer eines demoskopischen Institutes (Krause)
Ort: Schuhmacherwerkstatt
Spieldauer: ca. 18 Minuten

(Ladenglocke)

Rimmele: So Grüaß Gott Herr Pott —

Herr Pott: Guata Morga Frau Rimmele, au scho auf de Füaß? Kleina Augablick, i bin glei so weit.

Rimmele: Schee honders jetzt — scho anderscht wiea wo Se no hinda dieba unda dunda waret.

Herr Pott: I bin froh, daß i jetzt vorna danna oba doba bin.

Rimmele: Des glaube —

Herr Pott: S isch jo hinda und vorna nix meh gloffa, wone no hindadieba unda dunda war.

Rimmele: I möcht gern meine Schuah abhola —

Herr Pott: Do hone nix drgega — i bin froh wenns wieder Platz gibt —

Rimmele: Sind se fertig?

Herr Pott: I denk scho — aber s Zettale brauche mit dr Nummer.

Rimmele: Des hone jo gsuacht wiea a Schtecknodel — aber i hons verlora ...

Herr Pott: Siea sind guat, so ebbes duat ma doch ins Portmanee.

Rimmele: I hons jo im Geldbeutel ghet —, aber grad den hone verschlampert.

Herr Pott: War no meh dinna?

Rimmele: Freilich, no en Abholschei von dr Reinigung, von de graue Hosa von meim Untermieater — und dr Lottoschei —

Herr Pott: Des isch aber en bodalosa Leichtsinn — wo hond Sen denn verlora?

Rimmele: Wenne des wißt.

Herr Pott: Waret Se scho aufm Fundbüro?

Rimmele: Joo.

Herr Pott: Und?

Rimmele: Do war zua — s war scho noch de zwölfe.

Herr Pott: No müäßet Se hald vor de zwölfe na.

Rimmele: Des nützt nix, dr Amtmann Stiele isch im Urlaub.

Herr Pott: No müäßet mir eaba solang warta bis er wieder do isch.

Rimmele: Zu was au, wenn do zua isch ka jo den Geldbeutel au niemand abgeaba — falls n überhaupt jemand gfunda hot.

Herr Pott: Jo, und falls überhaupt jemand so ehrlich isch und en abgibt. Andererseits schtoht jo auf dem Lottoschei Ihra Nama doba —

Rimmele: Sogar in Druckbuachschtaba.

Herr Pott: Frau Rimmele — noch ist Polen nicht verloren — noch nicht!

Rimmele: Des wär mir aber no eher gleich — aber mein Geldbeutel — i glaub, den kane abschreiba.

Herr Pott: I dät an Ihrer Schtell d Flinta it glei ins Korn schmeißa — d Leut sind oft ehrlicher wiea ma moint —

Rimmele: Oft scho, bloß it allaweil.

Herr Pott: Vielleicht hotn ebber gfunda wo no bis zum Samstag wartet, bis er woiß ob der Tippschei gwonna hot.

Rimmele: Ha noi — des war doch scho vor 14 Tag — nix hone gwonna i hon doch meine Zahla im Kopf — i nimm doch seit 12 Johr de gleiche — 6 mol hone beinoh gwonna und sonscht allamol gar it. Aber desmol bine wirklich froh, daße nix gwonna hon.

Herr Pott: Jo, hond Se dr Geldbeutel verlora vor Se dr Lottoschei abgeaba hond oder nochher?

Rimmele: Nochher — denket Se bloß, was passiera könnt, wennen vorher verlora hett.

Herr Pott: Oh, Frau Rimmele, des wär ghopft wiea gschprunga. Do drehe d Hand it um. Der Gwinn wär so oder so beim Teufel.

Rimmele: Des ka aber it guat sei.

Herr Pott: Agnomma, Siea hond sechs Richtige ...

Rimmele: No däte mir zerscht en Kachelofa in d Schtuba neibaua loßa.

Herr Pott: Also agnomma, Siea hond dr Geldbeutel verlora vor Se Ihren Schei abgeaba hond, isch dr Gwinn im Eimer — klar —

Rimmele: Jo so gscheit bine au.

Herr Pott: Wenn oiner den Geldbeutel aber gfunda hot und hot Ihren Lottoschei eizahlt isch dr Gwinn au futsch — natürlich immer vorausgesetzt, wenn Se ebbes gwonna hettet —

Rimmele: Freilich — freilich.

Herr Pott: Wenn jetzt aber ebber den Geldbeutel findet — verschtandet Se — erscht wo Siea den Lottozettel scho eizahlt ghet hond, ka der den Pulver abhola.

Rimmele: Siea hond drzuana recht ...

Herr Pott: Frau Rimmele — wenn Ihren Geldbeutel aber niemand findet, könntet Se Ihren Gwinn sowieso in Kamin schreiba. In dem Fall isches au vollkomma egal, ob Sen scho abgeaba hond oder it.

Rimmele: Siea jaget mir jo direkt en Schrecka ei.

Herr Pott: Es isch aber so, dr Unterschied liegt einzig und allein darin, ob Se gwonna hond oder it.

Rimmele: I hon jo it gwonna.

Herr Pott: Eaba! Und umso größer sind Ihre Aussichta, daß Se Ihren Geldbeutel wieder krieaget. Genauso guat könnt oiner natürlich mit dem Zettale Ihre Schuah abhola.

Rimmele: Zersch müaßet Ses finda!

Herr Pott: Ja, wennes Zettale hon, find es glei — no derfe bloß neilanga.

Rimmele: Aber, Siea werret doch it einem wildfremda Menscha meine Schuah aushendiga — Siea kennet mi doch!

Herr Pott: Jo, Siea kenne scho, aber Ihre Schuah it, sonscht dätes jo finda.

Frau Pott: Herbert, komm zum Veschpra!

Herr Pott: I ka etz it.

Frau Pott: Heerbeert!

Herr Pott: I ka etz it, i muaß was suacha.

Frau Pott: Du suachsch ebbes zamma, wenn

	dr Tag lang isch. Aber bei Deiner Schlamperei däte au nix finda. Hoi! So, Grüaß Gott, Frau Rimmele — so, isch ma au scho auf de Füaß?
Herr Pott:	Siehsch doch, daß se nimme im Bett liegt.
Frau Pott:	Du bisch wieder amol widerwärtig. Wisset Se, Frau Rimmele, immer wenn er was verschlampert isch er grätig wiea a alte Holzkatz.
Rimmele:	Noi, noi, wisset Se, i hon was verlora. Mei Zettale für d Schuah.
Frau Pott:	Ach so, ha des ka amol passiera.
Rimmele:	Bei Ihne rieachts amol fein — machet Se saure Kuttla?
Frau Pott:	Noi, noi, en Käskuacha.
Rimmele:	Drum, i denk doch — ebbes bsonders.
Frau Pott:	Hoffentlich hocket er desmol it wieder so nab.
Rimmele:	Jo, jo, dr Käskuacha isch en Sieach, der kommt glei hinter de Dampfnudla.
Frau Pott:	Do muaß i Ihne recht geaba, Frau Rimmele.
Rimmele:	Mei Schwester, d Rosa, in Altbierlinga hot do en ganz bsondra Trick.
Frau Pott:	Wiea gohts au dr Rosa? Mei, diea hone scho lang nimme gseah.
Rimmele:	O, scho recht, ihra Ma isch halt a bißle en komische Kauz. Desch en bsondra Heiliga. Der hots it so mit dr Verwandschaft — des hoißt, mit seine oigene Verwandte hot er a Mords-Kugelfuhr. Aber von dr Rimmelesippe will er nix wissa — mir sind em übrig wiea en Kropf.
Frau Pott:	So gohts halt im Leaba.
Rimmele:	I könnt Ihne do Sacha verzehla!!
Frau Pott:	Jo, Frau Rimmele, wiea war etz des mit dem Käskuacha?
Rimmele:	Desch ganz oifach, diea nimmt en nochra guata halba Schtund ausm Röhrle.
Frau Pott:	Ja wenn er no gar it fertig isch?
Rimmele:	Jo, do nimmt sen raus, loßt en kalt wera und schieabt en denn wieder nei bis er fertig isch.
Frau Pott:	Des hone au no niea ghört. Hond Siea des au scho selber ausprobiert?

Rimmele: Noi, wo denket Se au na, do däte vorher trockes Brot essa vor i von dene ebbes animm — do däte vorher ...

Herr Pott: Ja jetzt, Frau Rimmele, was waret denn des für Schuah?

Rimmele: Oine von mir. Damaschuah!

Herr Pott: Des glaube scho, daß des koine Schischtiefel waret.

Rimmele: Drzuana no meine beschte, diea hond domols scho 38 Mark koscht. So en Schuah krieagsch heut gar nimme.

Frau Pott: Wenn hond Ses denn brocht?

Rimmele: I hons it selber brocht, unseren Untermieater hone gschickt.

Herr Pott: Ja, wiea sieht er denn aus?

Rimmele: Groß, schlank, rötlichs Hoor und en Schnurrbart.

Herr Pott: Noi, i moin dr Schuah.

Rimmele: Ach so! Dunkelbraun, ugfähr wiea diea do hanna — des sind se aber it.

(Ladenglocke)

Krause: Einen wunderschönen guten Morgen!

Herr Pott: Ganz kloina Moment, Frau Rimmele. Guata Morga, so, was derfs denn sein?

Krause: Ich komme vom demoskopischen Institut Baienbach und hätte gerne ...

Frau Pott: Mir geabet nix. Mir schpendet jedes Johr fürs Rote Kreuz und für diea Hubschrauber von dr Schteiger-Schtiftung.

Herr Pott: Und jedes Johr für Tombola von dr evangelischa Kirchagemeinde.

Krause: Nein, nein, ich komme nicht zum Betteln, ich hätte nur ein paar Fragen.

Herr Pott: Ach so!

Krause: Wir machen eine repräsentative Umfrage, wie sich die neue Fußgängerzone auf die anliegenden Geschäfte ausgewirkt hat.

Herr Pott: Ganz kleina Moment, Frau Rimmele.

Rimmele: I hons it eilig.

Frau Pott: Woisch Berthold, der kommt sicher von dera Firma, wo au bei de Wahla diea ...

Krause: Ganz recht! Wir hatten bei unserer Voraussage bei der letzten Bundestagswahl eine effektive Abweichung von 1,5 % vom tatsächlichen Ergebnis.

Herr Pott: Des isch en ganz größa Schmarra — de ganz Schpannung isch weg, wemma scho um halb neune woiß wieas ausganga isch.

Frau Pott: Do hosch ausnahmsweis recht, Berthold, uns däts no roicha wenn mirs um elfe erfahret.

Krause: Für die Politiker aller Parteien ist unsere Arbeit von unermeßlichem Wert.

Herr Pott: Des ka scho sei, aber mir erfahrets no früah gnuag wiea dr Karra lauft. Ganz kloina Moment, Frau Rimmele!

Rimmele: Isch scho recht. I hons it eilig. Also Frau Pott, jetzt rieachts aber nimme so agnehm wiea vorher.

Frau Pott: Um Gottes willa, mein Käskuacha!

Herr Pott: So isches doch jedesmol, wenn en Haufa Leut auf oimol in dr Lada kommet. Also wemma it an alles selber denkt!

Rimmele: S wär schlimmer, wenn Se en Fuaß brocha hett.

Krause: Wären Sie nun bereit, lieber Herr Pott, mir einige Fragen zu beantworten? In fünf Minuten ist alles erledigt.
1. Frage: Würden Sie sagen, die Fußgängerzone hat sich —
a) sehr gut bewährt, b) gut bewährt, c) nicht bewährt.

Herr Pott: Es isch so, wenns regnet, könnte mein Lada zuamacha, do isch natürlich nieamed meh z Fuaß unterwegs —

Rimmele: Wo Se hald no hinda dieba unda dunda waret, hond d Leut eaba mitm Auto nafahra könna —

Herr Pott: Wo i no hindadieba unda dunda war, hone jo bloß zum kloina Fenschterle nausgseah — do isch doch kaum en Tag verganga, wos it saumäßig gschäbbret hot auf dr Kreuzung. Diesbezüglich isch jetzt natürlich nimme viel botta. Des isch halt dr Nochtoil von dr Fußgängerzone. Ab und zua omol a paar Bsoffene — aber des isch jo it grad so erfreulich.

Rimmele: Noch alle Mucka ka ma eaba it schlaga.

Krause: Hier können Sie doch viel ungestörter arbeiten.

Rimmele: Wisset Se, was mi schtöra dät? Der Gschtank von dem Hähnchengrill vis-a-vis, i woiß gar it, was diea füra Fett nehmet. Dr lieab lang Tag des Gschmäckle in dr Nas — diea fanget doch scho um zehne morgens a — also des ging mir scho auf dr Wecker.

Herr Pott: Des riech i scho gar nimme.

Rimmele: So was braucht ma sich heutzutag nimme gfalla lassa — dene Göggelesbroter dät i an Ihrer Schtell d Henna scho nei.
S wenigscht wär doch, daß dr Schtaat dene vorschreibt, was se für a Fett nehma müaßet. Do hanna fallts jo it so ins Gwicht, aber wenn se dieba im „Cafe Mohraköpfle" vorhaußa sitzet und a süaßes Schtückle esset, moinet se grad, se hettet a Göggale auf em Teller.
Des hetts zu meiner Zeit it geaba, aber s hoißt jo, mit de Dumme treibt ma d Welt um.

Krause: Aber das Kaufhaus gegenüber bringt doch sicher einen beachtlichen Zulauf.

Herr Pott: Auf des kennte verzichta — gucket Se amol naus — alles zuagschtellt mit Eikaufswägala — des isch die Kehrseite der Medaille — ja moinet Siea vielleicht, do dät oiner sei Kärrale wieder versorga — mir schtellet ses direkt vor dr Eigang und i derf alle halb Schtund naus und diea Wägala versorga.

Krause: Würden Sie nun meine Fragen a), b) oder c) mit ja beantworten?

Rimmele: Also, des Kopfschtoipflaschter hot jo dr Teufel gseah — erscht geschtern isch wieder a vornehme Dame gschtockelet — diea sich mit ihre hohe Absätz so saudumm zwischa diea Schtoiner neidappet — dr ganz Absatz war weg.

Krause: Aber das ist für Sie doch ein ganz schönes Zusatzgeschäft.

Herr Pott: Daß ich nicht lache — des isch also wirklich koi Gschäft — do muaß i immer alles liega und schtanda lassa und für zwoi Mark fuchzg en Absatz naufbäbba — do verdiene it s Salz an d Suppa na.

Rimmele: Wenigschtens dr Zucker an dr Käskuacha — aber viel Kleinvieh gibt au Mischt. Oder.

Krause: Würden Sie bei meinen Fragen ...

Rimmele: Gucket Se, m Lammwirt sein baufälliga Sauschtall — it amol den derf ma meh abreissa, den alta Lumpagruscht. Heutzutag muaß ebbes bloß alt sei, no isches scho antik. Ma dät grad moina, se hettet früaher ausschlieaßlich Baudenkmäler nagschtellt. Do hot ma exschtra no a paar hohe Herra braucht vom Landeskonservatorium in Tübingen — diea dreahet sowieso jeden alta Schtoi dreimol um, vor man wegwerfa derf. Des koscht bloß alles en Haufa Geld — koi Wunder sind Zinsa so hoch — i hon Gott sei Dank mei Häusle no rechtzeitig verkauft. Auf oimol isch jede alte Bruchbude ein Kunschtwerk. Ma sagt jo gwiß nix, wenn ses Ulmer Münschter schtanda lasset oder Königsschlösser oder Oisiedla — aber em Lammwirt sein Sauschtall isch a Schand für dr ganze Ort — den däte am lieabschte oigahändig azünda.

Krause: Manch andere Stadt wäre froh, sie würde über solch eine Bausubstanz verfügen! Ich bin immer wieder erstaunt, daß gerade Leute in Ihrem Alter eher zu moderneren Lösungen tendieren.

Rimmele: Des hot mit em Alter nix zum dua — und au it mit modern oder unmodern — nur mit em klara Menschaverschtand — und entweder hot ma den oder ma hot en it.

Herr Pott: Siea hond en jo glücklicherweise, Frau Rimmele —

Rimmele: Gucket Se — den Sweeter, wo i do ahon, den kane bloß no unterm Mantel azieah und wenne nirgends bsonders nagang.

Herr Pott: Also zum Beischpiel zum Schuahmacher.

Rimmele: Jo — an de Ärmel ischer bloß no ganz hauchdünn — jo moinet Se do däte me no lang verkopfa und aufzieah und neue Ärmel schtricka — der flieagt im hoha Boga naus — no kaufe en neua — des koscht au it meh.

Krause: Und Sie meinen, so sollte man bei der Sanierung auch vorgehen?

Rimmele: Siea müaßet me recht verschtanda, i hon voma Sweeterle gschwätzt, it voma Brokatkloidle — des däte natürlich scho au flicka.

Krause: Ich gehe am besten zuerst in die Buchhandlung rüber und führe meine Befragung da fort. Ich würde dann gegen Mittag wieder hereinschauen —

Herr Pott: Isch scho recht — also bis schpäter —

Herr Pott: Ja, Frau Rimmele, was dommer etz mit Ihne?
Warets denn zwoi Schuah oder en oinzelna?

Rimmele: Wia moinet Se des?

Herr Pott: Ja, sind boide hi gwea oder bloß oiner?

Rimmele: Soviel i woiß, bloß oiner.

Herr Pott: No ganget Se am beschta hoim und holet dr ander, no dommer viel leichter mitm suacha.

Rimmele: Ja, brocht hot ma scho boide, weil mas hot müaßa no auffärba —

Frau Pott: Berthold, dr Käskuacha isch reschtlos verbrennt mit Haut und Hoor — den kane nausschmeißa
Dei Veschper schtoht denn allaweil no aufm Tisch.

Rimmele: Es isch doch aber so, Herr Schuahmacher, Siea hond doch immer zwoi Zettala mit dr gleicha Nummer — ois drvo geabet Se dr Kundschaft und s ander dond Se an d Schuah na —

Herr Pott: So isches —

Rimmele: Also, no derfet Se doch bloß auf dem Zettale gucka, wo an meine Schuah danna isch und dr Kittel isch gflickt.

Herr Pott: Ja moinet Se vielleicht des wär oifacher zum finda wiea Ihre Schuah? Zettala seahet alle gleich aus, aber d Schuah sind verschieda.

Rimmele: I kenn me do it so aus, desch jo schließlich Ihr Gschäft. I sotts drzuana ubedingt hon, mir ganget doch morga obed auf den Wohltätigkeitsbazar, do kane umöglich meine hellbraune azieaga.

Herr Pott: Eigentlich kommts jo bei solche Veraschtaltunga meh drauf a, was ma schpendet, wiea was ma für Schuah ahot.

Rimmele: Des müaßet grad Siea saga, grad Siea, wo immer s Neueschte ahon muaß, wo immer rumlauft wiea en Pfau. Wo sich dumm und dipplig verdient bloß an a paar so Plätza naufbäbba.

Herr Pott: He, he — des wille aber überhört hon. Von wegen Plätza naufbäbba. Immerhin hon i scho anna neinasechzge von dr Induschtrie- und Handelskammer dr goldane Schuahbändel verlieha krieagt — do hanna hengt d Urkunde — do kennet Ses schwarz auf weiß nochleasa — bitte, für erschtklassige handwerkliche Arbeit — i könnt scho 10 Johr lang Obermoischter sei, wenne it immer wieder kategorisch noi gsagt hett. Des hoißt — eigentlich mei Frau. Diea laufet mir heut no schier s Haus ei.

Rimmele: Des bezweifelt jo nieamed — Siea sind doch sonscht it so empfindlich, i war jo bisher immer zfrieda — i bin jo fascht zwanzg Johr lang komma, wo Se no hinda dieba unda dunda waret.

Herr Pott: Jo moinet Siea vielleicht des wär en Schleckhafa, wemma sich a Leaba lang mit ander Leuts ausdappete Latscha rumärgra muaß?

Rimmele: Es hoißt auf jeden Fall: Handwerk hot goldenen Boden! Und i hon no nieana gleasa oder im Radio ghört, daß des it wohr wär. Wenn des nemlich it schtimma dät, hettet ses scho lang durchgeaba.

Herr Pott: Etz langets aber, gell — i hon alle Händ voll zum dua und hon koi andre Arbet wiea Ihre Schuah suacha, bloß weil die gnädige Frau ihren Geldbeutel verschlampret hot — und denn werfet Siea mir no de gröschte Uverschämtheita an dr Kopf — so gohts fei nicht — so nicht Frau Rimmele.

Rimmele: Handwerk hot goldenen Boden — des isch doch koi Uverschämtheit — des isch ein altes beliebtes Schprichwort, wo heut noch seine Gültigkeit hot.

Herr Pott: Siea müaßets jo wissa — Frau Rimmele — i sott wieder weiterschaffa — i hon jo schließlich außer Ihne au no andre Kunda.

Rimmele: Herr Schuahmacher, wenn Se mi amol do hindre loßet gucke selber nochene — in dene Regal sind doch höchschtens 15 Paar Schuah dinna — diea müaßet sich doch finda loßa —

Herr Pott: Wenn hond Ses denn brocht?

Rimmele: I hons it selber brocht, unsern Untermieater hone gschickt, i hon große Wäsch ghet — i hon selber it kenna — vor ugfähr drei Wocha.

Frau Pott: Ja könnts vielleicht sei, daß der Ihne dr Geldbeutel ...

Rimmele: Jo wo denket Se na, der nimmt nix, im Gegatoil — noi des woiß i, der hot mir den Geldbeutel wieder geaba.

Herr Pott: Also, Frau Rimmele, i dät etz gern veschpra — etz ganget Se hoim und gucket überall noch, ob Se den Geldbeutel it doch no findet, vielleicht ischer irgendwo hindanabgfalla oder undaneigrutscht.
So a rots Zettale wiea des ischer gweasa.

Rimmele: Moment — des siehne it von Hand, do muaße Brilla aufzieaga. Sapperlott, wo isch etz diea scho wieder — i woiß gwieß, i hon se in mei Tascha neidua ...

Herr Pott: No koi Hektik, Frau Rimmele.

Rimmele: Ja — was isch denn des — do isch jo mein Geldbeutel.
Ja heidabimbam wie kommt denn der do nei?

Herr Pott: Sehet Ses — etz könnet Se sich scho diea fuchzg Pfennig für dr Heilig Antonius schpara —

Rimmele: Jo, Pfeifadeckel, drfür fehlt etz mei Brilla — vielleicht hone se drhoim liega loßa —

Herr Pott: So, no isch jo alles wieder in Ordnung.

Rimmele: It ganz — etz wär mirs nemlich gleich, wenne gwonna hett.

Herr Pott: Geabet Se her — i hol Ihne des Zettale raus — no finde Ihre Schuah ums numgucka —

Rimmele: Do ischer jo —

Herr Pott: Ganz richtig — bloß isch des it rot sondern grün und de grüne sind von meiner Konkurrenz vom Schuahmacher Leischtle.

Im Tante-Emma-Lada

2 Personen: Herr Schwarz, Kunde (Schwarz) · Herr Dallmann, Verkäufer (Dallmann)
Ort: Im Tanteemmaladen
Spieldauer: ca. 9 Minuten

Dallmann: Grüaß Gott.

Schwarz: Grüaß Gott, Herr Schwarz!

Dallmann: So, was derfs denn sei?

Schwarz: Ja hoi, komm i scho dra — bin i scho dr Nächschte?

Dallmann: Siea sehet doch, daß nieamed vor Ihne isch — in dem Fall sind Siea automatisch dr Nächschte. — Also, was derfs sei?

Schwarz: I hett gern — i sott a Brieafmark hon.

Dallmann: Eine Briefmarke gern — und was für oine?

Schwarz: Jo, halt oine auf en Brieaf nauf — ans Finanzamt.

Dallmann: Ja, was für oine?

Schwarz: Desch egal — i bin do it so hoikel — a griene oder a gschtroifte — oder oifach oine ganz in weiß.

Dallmann: Jaa, — a Zehner, Zwanzger, Fuchzger oder oine für a Mark?

Schwarz: I glaub, i nimm am Beschta a mittlere Preisklass, a sechzger.

Dallmann: So — bitte.

Schwarz: Desch aber a scheene — diea gfallt mr — was dät diea koschta?

Dallmann: A Sechzger koscht nach wie vor sechzig Pfennig.

Schwarz: Desch preiswert, do nimme vorsichtshalber glei zwoi drvo — billiger werret se sicher nimme. Oder? S wird doch allaweil alles teurer.

Dallmann: Sonsch noch was?

Schwarz: Siea, was isch denn des für en Grind auf dera Brieafmark — isch des der Adenauer selig?

Dallmann: Moment — do muaße mei Brilla naufdua — des — des isch dr Götz vo Berlichinga.

Schwarz: Jetz leck mich doch ... so, so, dr Herr Götz!

Dallmann: Ja, abschlecka muaß ma jede Brieafmark. Sonscht bäbbt se it.

Schwarz: Erscht no ... firs Finanzamt dät dr Götz so prima bassa. Aber fir mei Tante Frieda ... dera sott i nemlich au schreiba, bei dera schtand i im Teschtament dinna, gell ... hont Se mer fir diea it a andre? A Neutrale.

Dallmann: No nemmet Se fir Ihr Tante a gwehnliche. Moment ... diea do vielleicht?

Schwarz: Ja, isch diea mit am Götz doba koi gwehnliche?

Dallmann: Des isch a Sondermark. Fir Sammler.

Schwarz: Des bin i leider koiner. Aber s Finanzamt. Diea sammlet jo alles, was se verwischa könnet.

Dallmann: Der Götz wär allerdings a Rarität gweasa. Diea Mark krieaget Se heit nimme uf dr Poscht. Bloß no bei mir, weil i no a baar alte Beschtänd hon.

Schwarz: Au no voll! Mir Ihre Ladahüeater adreah wella! Womeglich gilt diea gar nimme.

Dallmann: A was — a Brieafmark gilt immer, diea verliert ihren Wert niea — nieamols — im Gegatoil!

Schwarz: Siea — des schtimmt drzuana — en Vetter von mir hot anna siebenadreißge a Dings kauft — a goldene — noi — a blaue Maurititus.

Dallmann: A was?!

Schwarz: Jo, fir vierzg oder fuchzg Pfennig — diea isch heut meh wieas dopplete wert — und diea war sogar scho abgschtemplet.

Dallmann: Ja was — a blaue Mauritius — diea koscht heut a paar Milliona — mein Lieaber — oba na!

Schwarz: Sage jo grad — diea isch heut meh wieas dopplete wert! I wett, i hett a paar hundert Schtück drvo — no wär ma a ausm Schwarz Herr —

ausm Schneider — Herr Schwarz!

Dallmann: Derfs sonscht no was sei?

Schwarz: Jo, einen Tee.

Dallmann: Gega was?

Schwarz: Wiea was, gega was?

Dallmann: Jo, gega Rheuma, oder Ischias oder kalte Füaß — oder en Abführtee?

Schwarz: Gega gar nix — oifach en Tee. Zum Saufa — gega dr Durscht.

Dallmann: Des hone koiner — weil jeder Tee isch von Haus aus gega ebbes. S gibt sogar Tees — diea sind gega zwoi Sacha gleichzeitig — gega Ischias und Rheuma, oder kalte Füaß und Durchfall.

Schwarz: No nimme lieaber koiner. Wenn Siea nemlich koiner hond wo gega nix isch, wärs nix, wenne oin trinka dät, wo gega ebbes isch, wo mer doch gar nix fehlt.

Dallmann: Derfs sonsch no was sei?

Schwarz: Jo, en Dings, en Meterschtecka.

Dallmann: Einen Meterschtab, gern! Und wiea lang?

Schwarz: Was wiea lang? En Meterschtab — halt en Meter lang! 100 cm laut Adam und Riese.

Dallmann: Jaa, desch it so selbverschtändlich, mir hond Meterschtäb mit oim Meter und oine mit zwoi Meter.

Schwarz: Wenne en Zwoimeterschtab wella dät — hette gsagt, i will en Meterschtab mit zwoi Meter, — i will aber oin mit oim Meter, also oifach en Meterschtab. Des roicht mr — i muaß bloß a Brett abmessa mit 95 cm.

Dallmann: Eaba — do ging en Zwoimeterschtab genau so guat.

Schwarz: Freilich — aber desch reine Verschwendung — wenn oin Meter au roicht. Wenn Siea a Auto hend mit vier Zündkerza und müaßets auswechsla — dond Siea jo au it acht neue nei.

Dallmann: Des ka i it beurteile, i hon koi Auto. Wenn Siea aber doch genau wisset, daß des Brett 95 cm lang isch, zu was brauchet Se noch en Meterschtab?

Schwarz: Ja, weil, i hon des Brett vor zwoi Johr zum letschtamol gmessa — genau 95 cm — aber Holz schaffet jo bekanntlich, ergo isches etz entweder kürzer oder länger.

Dallmann: Ha jo, aber des macht doch it viel aus.

Schwarz: Eaba, und des will i jo grad ausmessa wieviel s ausmacht.

Dallmann: Agnomma Siea müaßtet ebbes messa über oin Meter und Zwoimeterschtäb wäret ausganga, gings au mit zwoi Meterschtäb mit oim Meter.

Schwarz: Jo aber bei 95 cm roicht oiner mit oim Meter. — Aber agnomma diea sind ausganga, kennt ma jo au voma Zwoimeterschtab oin Meter absäaga.

Dallmann: I sieh grad — d Meterschtäb sind alle ausganga.

Schwarz: Bei Ihne isch eigentlich so ziemlich alles ausganga. I glaub, s isch fascht besser, Siea saget mir, was Se do hond und i sag denn, obe des braucha ka.

Dallmann: Siea, werret Se bloß it bambig.

Schwarz: I gang besser ins Kaufhaus, do krieag i, wase brauch.

Dallmann: Ganget Se doch ins Kaufhaus — ganget Se doch — do werret Se Ihre blaue Wunder scho verleaba.

Schwarz: I wißt it, wieso!

Dallmann: Es könnt jo zwar sei, daß Se do alles vorrätig hend — aber glaubet Se bloß it, daß Se do so indi — indu — daß Se do so nett bedient werret wiea bei mir. Sie könnet mi doch — kreuzweis ...

Schwarz: Oh je — wenn ma Brieafmarka verkauft mit em Götz drauf ka ma jo koine andre Ausdrück erwarta. — Siea Arsch.

Die Wetterprognose

2 Personen: Herr Brändle · Herr Salzgeber
Ort: Auf der Straße
Spieldauer: ca. 7 Minuten

Brändle: Hoi, wen siehne do, dr Herr Salzgeber, daß Siea bei dem Wetter ausm Haus ganget, bei dem Sauwetter jagt ma doch koin Hund naus.

Salzgeber: Do hond Se recht — drum hon en jo au drhoim loßa.

Brändle: Ohne Kittel — kurzärmalig — Siea holet sich no en Schnupfa — schtandet Se doch a bißle unter des Dächle nab. Siea sind jo bätschnaß.

Salzgeber: Freiwillig wär i heut jo au it naus, aber i muaß no dr Lottozettel abgeaba.

Brändle: Dr Radio hots jo brocht, s dät de nächschte acht Tag it besser wera.

Salzgeber: Jo, jo sieht it drnoch aus.

Brändle: Noi. Obwohl, noch dem was dr Radio sagt, ka ma au nimme ganga.

Salzgeber: Manchmol verrotet ses jo ziemlich genau.

Brändle: Reiner Zuafall.

Salzgeber: Genau — weil so en Zuafall, daß es immer falsch isch, des gibts gar it.

Brändle: I hon früaher au amol gmoint, dr hundertjährige Kalender sei zuverlässig. Pfeifadeckel — s könnt jo zwar sei, daß der de erschte vier, fünf Johr richtig ganga isch — und plötzlich goht er a paar Johr nooch oder vor — und denn goht er de nächschte fünfaneunzg Johr falsch. Und do ka ma nix noochschtella wiea bei ra Uhr. Oder oifach oi Kalenderblatt meh abreißa.

Salzgeber: Aber heut gibts doch Wettersatellita und haufaweis schtudierte Metreologa — do sott ma doch moina ...

Brändle: Jo moina sott ma scho — aber i verlass mi eaba auf mei Rheuma — do merk i jeden Wetterumschturz.

Salzgeber: Aber diea Metreologa, des sind jo fascht alles junge Leut — diea kennet auf koine körperliche Gebrecha zrückgreifa.

Brändle: I wär ohne mei Rheuma aufgschmissa — aber sauber und glatt. Obwohl, seit i drei Kaschtanien im Hosasack hon, isches jo wesentlich besser, was hoißt besser — s Wetter merk i natürlich nimme so guat — aber daß es heut regnet, hett i au no so gmerkt.

Salzgeber: Jo, jo, des hot ma von hundert Schtund gseah.

Brändle: Des isch die Krankheit unserer Zeit, daß ma sich auf d Wissaschaft meh verloßt, wiea aufs Rheuma und auf Knochabrüch — sozusagen nimme auf dr gsunde Menschaverschtand.

Salzgeber: Dr zivilisierte Mensch isch doch vollkomma versaut, früaher, wos no koin Radio geaba hot und koin Fernseaher, hond d Leut doch no a ganz anders Gschpür ghet fürs Wetter.

Brändle: Jo, jo, aber was nützt me des, wenn i scho en Tag vorher woiß, wieas Wetter wird, gar nix. Oder, daß in Florida morga d Sonna scheint. I ka deshalb it auswandra.

Salzgeber: Saget Se des it, wenn ma woiß, was am andra Tag für a Wetter isch, ka ma Kloider scho am Obed vorher herrichta.

Brändle: Desch aber au alles.

Salzgeber: Oder wenn d Amerikaner am andra Tag a Raket ins Weltall naufschieaßet — denn isch au guat, wenn mes vorher woiß — do sotts nemlich it so stark winda.

Brändle: Mein Nochber hot sich zwoimol an dr gleicha Schtell — also an dr gleicha Schtell am Fuaß dr Knöchel brocha — der Fuaß schpricht beim kloinschta Wetterumschwung sofort a. Der isch natürlich in der glücklichen Lage, daß er sofort sieht, de nächschte zwoi Tag brauche it gieaßa. Beneidenswert. Gell.

Salzgeber: Gucket Se, wemma so ama Ma a paar Mark geaba dät — hett ma s ganz Johr a zuverlässige Vorhersage.

Brändle: Scho, aber die Sicherung der Arbeitsplätze isch schlieaßlich wichtiger wiea a Wetterprognose wo schtimmt.

Salzgeber: Des schtimmt au wieder.

Brändle: Sonderbarerweise schtimmt die Großwetterlage eigentlich fascht immer. Von de Kanarische Insla — und Portugal oder von de Baleara und Mallorca oder Andalusien. Und do gibts sicher no koin so en technischa Firlefanz.

Salzgeber: Des sage jo allaweil, diea verlasset sich no auf d Aussaga von de Schäfer und Laubfrösch und so.

Brändle: Es könnt aber au doher komma, weil do sowieso fascht allaweil d Sonna scheint. No ka ma it so oft drneaba dabba.

Salzgeber: Grad im Gegatoil — Herr Brändle — wenns bloß ganz selta regnet isches jo viel schwieriger zum rausbringa wenns grad amol regnet. Viel schwieriger.

Brändle: Für heut isch Prognose vom Fernseha jo wieder sauber drneaba ganga.

Salzgeber: Wieso, was hond Se vorausgsagt?

Brändle: S dät regna. — Regna däts.

Salzgeber: Ja, s regnet doch.

Brändle: Ja freilich, aber se hond gsagt: Nachmittags Regen — s hot aber scho vorm Mittagessa agfanga.

Die Reportage

8 Personen: Ralph Ratzge, Reporter (Ratzge)
Dr. Heinz E. Stolzenberg, Generaldirektor (Dr. Stolzen)
Evi Schulze-Morelli, Chefsekretärin (Schulze-M.)
Rosl Röhrle, Kantinenköchin (Röhrle) · 4 Musikanten
Ort: Im Chefzimmer von Dr. Stolzenberg
Spieldauer: ca. 30 Minuten

(Dr. Stolzenberg bereitet sich für die Sendung vor)

Dr. Stolzen: Die Entwicklung neuer Technologien auf dem Gebiete des Verpackungssektors und der unternehmerische Weitblick waren die entscheidenden Meilensteine — oder besser — Wegbereiter für das Know-how unserer Firma. Bereits im Jahre 1927 entwickelte der in Gottmadingen ansäßige Hufschmied ...

(Telefon)

Dr. Stolzen: Ja Frau Schulze-Morelli was ist denn schon wieder? Aha — so der Mann vom Funk — schon da — wollte der nicht erst um 10 Uhr — tatsächlich es ist ja schon 2 vor 10 — soll ein paar Minuten warten — ich bin gleich soweit — Sie noch was, ich hab Ihnen doch ausdrücklich gesagt, Sie sollen mir den Text für die Reportage mit größerem Zeilenabstand schreiben — nein, nein, wenn der Mensch schon da ist läßt sich nichts mehr dran ändern — ja, ja — ich sag Bescheid.

(Dr. Stolzenberg legt auf)

Die Entwicklung neuer Technologien auf dem Gebiet des Verpackungssektors und der unternehmerische Weitblick waren die entscheidenden Wegbereiter ... ach was, wird dann schon klappen. Paßt mir heute gar nicht in den Kram ...

(Dr. Stolzenberg telefoniert mit Vorzimmer)

Dr. Stolzen: Schicken Sie den Mann herein!

(Es klopft)

Dr. Stolzen: Herein — aha, der Mann vom Funk, pünktlich wie die Zeitansage.

Ratzge: Grüß Gott, Herr Direktor.

Dr. Stolzen: Guten Tag Herr ...

Ratzge: Ratzge, Ralph Ratzge — vom Nordwestfunk —

Dr. Stolzen: Jetzt hats nach langem hin und her doch noch geklappt.

Ratzge: Jo, jo, bei uns im Oberland schieaßet Preißa it so schnell — aber s hoißt jo, was lange währt wird gut —

Dr. Stolzen: So ist es, ich denke, wir gehen gleich in medias res — stellen Sie Ihr Tonbandgerät am besten gleich hier ... nein am besten hier her ... nehmen Sie Platz. Darf ich Ihnen einen Drink bringen lassen? Fruchtsaft, Cola, Milch, schönes kühles Pilschen ... oder ...

Ratzge: Do sage it noi. Am lieabschta en Coca Maringo.

Dr. Stolzen: Wie bitte?

Ratzge: Einen Coca Maringo.

Dr. Stolzen: Aha — Moment.

(Dr. Stolzenberg telefoniert mit Vorzimmer)

Dr. Stolzen: Frau Schulze-Morelli haben wir einen ... einen ...

Ratzge: Coca Maringo.

Dr. Stolzen: Coca Maringo im Haus? — Aha — nein — nein, nein, das ist kein Gastarbeiter, nein ein Gesöff, pardon, vermutlich ein Mixgetränk.

Ratzge: Schmeckt sagenhaft, den trink i immer in dr Bongo Bar. Maringo macht Dir keine Sorgen, klar ist der Kopf am anderen Morgen.

Dr. Stolzen: Ich hör gerade, das haben wir nicht.

Ratzge: Schad, no nimme halt Coca-Cognac — fifty fifty — also sozusagen halb und halb, mit Zitrone — ugschpritzt.

Dr. Stolzen: Und vielleicht ein bißchen was zum Knabbern? Ein Häppchen zwischendurch — Sandwich oder so?

Ratzge: Jo, wenn Ses gar it anderscht dond — aber bitte ohne Ölsardina — und koin Käs — vielleicht mit Hinterschinka — von rechts hinda.

Dr. Stolzen: Dürfte es, wenn alle Stricke reißen, eventuell auch von links vorne sein?

Ratzge: Halt noi — no besser mit Pfälzer Hausmacherleberwurscht, wenns koine Umschtänd macht — mit viel Senf — süß-sauer — sauer macht luschtig. Hahahaha.

Dr. Stolzen: Frau Schulze-Morelli, haben wir süßen Senf im Haus? Nein. Aha.

Ratzge: Typisch — do duat ma in unserer Gegend immer a bißle schwer. In München werfet sen oim schier nooch.

Dr. Stolzen: Lieber Herr Ratzge — ich kann meine Produktionsstätten nicht nach München verlegen, nur wegen dem süßen Senf.

Ratzge: Wegen des süßen Senfes — Akkusativ — Herr Dokter.

Dr. Stolzen: Gut, wenn Sies beruhigt, wegen des süßen Senfes — aber wenn schon, dann Dativ und nicht Akkusativ. Frau Schulze-Morelli — bitte ein Cola-Cognac und ein paar belegte Brötchen mit süßem Senf — wie — ja dann sehen Sie eben zu, wo Sie einen herbringen. Ende.

(Dr. Stolzenberg legt auf)

Ratzge: Des findet ma it überall, daß ma so aufmerksam bedient wird. A nette Sekretärin hond Se do dußa hocka, mein lieaber Herr Gesangsverein.

Dr. Stolzen: Herr — ah ...

Ratzge: Do fallt mir grad en Klassewitz ei — Kennet Se den? Do war amol a Chefsekretärin, — der isch aber it hasarein — den hot mein Vetter auf der Tauf von dr Simone verzehlt, des isch s Enkele von unserm ehemaliga Nochber — wo mir no in dr Winkelbergerschtroß gwohnt hond — ein Bombenwitz ...

Dr. Stolzen: Ich würde meinen, wir sollten gleich an die Arbeit — vielleicht bietet sich ein andermal die Gelegenheit für so was — also ...

Ratzge: Aber, desch wirklich a netts Mädle do dußa.

Dr. Stolzen: Unser Personalchef, Herr Reisauer nimmt die Einstellung nun wirklich nach anderen Kriterien vor.

Ratzge: So, so.

Dr. Stolzen: Wo kämen wir hin, wenn ...

Ratzge: Was hoißt, wo kämen wir hin, Siea

dätet halt Schwierigkeita krieaga mit Ihrer Frau, des wär alles. Also, diea hot a Figürle, wiea ausm Schächtale.

Dr. Stolzen: Na ja, Frau Schulze-Morelli hat wirklich eine ausgewogene Figur — aber wie gesagt, das ist zweitrangig. Wirklich.

Ratzge: Aber s isch au koin Beinbruch, wenn se was gleichsieht, i glaub, diea dät sogar no im Fernseha schtandhalta.

Dr. Stolzen: Das kann ich nun wiederum nicht beurteilen ... Ich bin auf jeden Fall froh, daß sie hier ist und nicht beim Fernsehen.

Ratzge: Aber Herr Direktor, Siea hettet sich doch it extra in Schale schmeißa müaßa. A nagelneus Azügle — bigobello. — Mein lieaber Kokoschinsky — nicht von schlechten Eltern ...

Dr. Stolzen: Also Herr Ratzge ich darf doch ...

Ratzge: Womöglich waret Se no extra beim Frisör. Aber des isch für d Katz — im Radio siehts koiner.

Dr. Stolzen: In meiner Position ist korrekte Kleidung Grundvoraussetzung für den Erfolg. Das müßte ich Ihnen eigentlich nicht erklären müssen — Sie gehen doch bei den großen Machern dieser Welt ein und aus. Oder?

Ratzge: Eaba, zum Beischpiel dr Generaldirektor Kempf von dr Stahleisenunion in Essen hot immer a ganz schäbigs Kittale a — schätzungsweise Baujohr 54. Der lauft rum wiea en Bettler. Des isch vielleicht a bißle übertrieba, aber wiea en Landschtreicher, wo zum erschtamol in d Schtadt kommt.

Dr. Stolzen: Herr ... ah ...

Ratzge: Aber sonscht eaba a Kapazität vom Scheitel bis zur Sohle — des muaß ma sich halt leischta könna. Der kaas.

Dr. Stolzen: Ich denke, Sie kommen als Reporter zu mir und nicht als Modeberater. Ich hab um elf eine Aufsichtsratsitzung da kann ich beim besten Willen ...

Ratzge: Ma ka jo schwätza mitnander, mit de Viecher duat mas doch au ... Oder?

Dr. Stolzen: Ich würde meinen, daß wir vor der Aufnahme den Themenkreis

	unseres Gespräches kurz umreißen, damits dann keine unnötigen Unterbrechungen gibt — übrigens wenn ich Sie kurz hierher bitten darf —
Ratzge:	Selbstverschtändlich gern — aha — des isch also die Produktion — Klasse —
Dr. Stolzen:	Das typische Geräusch unserer Klarsichtfolienverpackungsbeschichtungsautomaten ist leider durch die vollschallisolierte Scheibe nicht zu hören.
Ratzge:	Leider saget Siea au no — leider — Siea sind guat — Gott sei Dank. Des wär ohnehin viel zu laut. Do machet mir en ganz oifacha Trick. Siea nehmet den Brieaföffner und schlaget immer ganz gleichmäßig auf des Marmorschälale — und fertig isch die Laube. Mir Fachleut saget — wir simulieren ein Geräusch.
Dr. Stolzen:	Aber Sie glauben doch nicht im Ernst ...
Ratzge:	Abwarta und Tee trinka. Etz machet mir zerscht amol a Tonprobe — saget Se amol irgend ebbes. Ton läuft.
Dr. Stolzen:	Eins, zwei, drei, vier —
Ratzge:	A bißle näher ans Mikro — weiter ...
Dr. Stolzen:	Wo bin ich stehengeblieben?
Ratzge:	Bei vier.
Dr. Stolzen:	Fünf, sechs, sieben, acht.
Ratzge:	O. k. — und jetzt mit background — ich spreche — Sie klopfen. Band läuft. Mir gegenüber sitzt Herr Professor Dr. Stolzenberg ...
Dr. Stolzen:	Bitte nur Dr.
Ratzge:	Aber des schpielt doch etz koi Roll — weiter — klopfen ... Durch eine große Glasscheibe fällt unser Blick hinaus in tageslichthelle Fabrikationsräume. Aufgereiht wie Perlen an einem Rosenkranz stehen die Stanzautomaten. So jetzt höret mirs uns amol a.

(Rückspulung. Text vom Band)

Dr. Stolzen:	Dieses klägliche Geklopfe klingt nach Hinterhofreparaturwerkstatt — nach einer kleinen Klitsche, Falschmünzerei oder so — aber keineswegs nach einer

Fabrikationshalle in der Maschinen stehen, die einen Wert von nahezu 12 Millionen repräsentieren — nein, nein, so nicht mein Lieber.

Ratzge: Also, entweder hört ma Ihre Zwölfmillionamaschina oder Ihre Worte, boides zamma goht it — zumindescht it optimal.

Dr. Stolzen: Man ist immer wieder überrascht mit welchen primitiven Mitteln bei Funk und Fernsehen gearbeitet wird.

Ratzge: It überall Herr Dokter, it überall. Manchmol ganget se scho ganz schee in die Vollen. Aber bei oim wiea bei mir, wo se genau wisset, der hot was aufm Kaschta — bei einem Superprofi, do schparet se wos goht — und ganga duats faktisch überall — beim Funk sowieso.

Dr. Stolzen: Na ja, der Hörer nimmt ohnehin nur die akustischen Eindrücke wahr.

Ratzge: Ganz recht, doher der Name Hörfunk.

Dr. Stolzen: Obwohl einem ja manchmal auch beim Hörfunk hören und sehen vergehen kann ...

Ratzge: Siea sind au it grad aufs Maul gfalla — Herr ... Bloß mitm Takt hots no Ratta. Siea schpielet vermutlich koi Inschtrument.

Dr. Stolzen: Nein, warum — wieso das denn?

Ratzge: Sobald Siea gleichzeitig schwätza und klopfa müaßet isch automatisch Sense — do kommet Siea granatamäßig ausm Takt. Entweder mitm klopfa oder mitm schwätza. Moischtens aber leider mit boidem. Wenn Se a Inschtrument schpiela dätet wärs a Kinderschpiel — reine Übungssache — do macht de link Hand nemlich au was ganz anders wiea de recht. Des isch s ganze Geheimnis. Von dr Musik überhaupt.

Dr. Stolzen: Ich konnte ja schließlich nicht extra Klavierunterricht nehmen oder Geige — nur damit ich Ihren Anforderungen als Geräuschkulisse genüge.

Ratzge: Es isch in Ihrem Interesse, it in meim. Gucket Se her — immer ganz gleichmäßig — bing bäng bäng, bing bäng bäng, Hänschen Klein — bing bäng bäng. Wenn Se nix drzua schwätzet gohts doch scho ganz prima.

Dr. Stolzen: Na ja, ich will mich anstrengen.

Ratzge: Siea — i hon aufm Johrmarkt oiner gseah, einen Mehrzweck — einen Vielzweckmusikant — ein Genie. — Der hot gleichzeitig sieba Inschtrument gschpielt. Ois besser wieas andere — schtur wie ein Panzer. Absolut fehlerfrei, E-Dur, Rosamunde. Also sagenhaft. Ma sott doch moina, was der ka ...

Dr. Stolzen: Hochinteressant, wirklich hochinteressant.

Ratzge: Gell.

Dr. Stolzen: Ich halte diese Klopferei ohnehin für reichlich überzogen. Das erzeugt doch nicht im entferntesten das charakteristische dumpfe Dröhnen unserer Klarsichtsfolienverpackungsstanzautomaten.

Ratzge: Oh Herr Dings — was mir brauchet sind medienspezifische Geräusche — alles andere isch kalter Kaffee.

Dr. Stolzen: Na ja — Sie sind ja schließlich verantwortlich für diese Sendung — für mich ists jedenfalls kein Beinbruch, wenns schiefgeht — wir verkaufen deshalb keine einzige Klarsichtpackung weniger — wir kommen ohnehin mit der Produktion nicht nach.

Ratzge: So, mir fanget jetzt denn a — ganz ruhig — jeder Patzer von Ihne wird rausgschnitta — wenn Se amol en Blödsinn schwätzet — aber bei Ihne hone gar koi so a uguats Gfühl.

Dr. Stolzen: Sie trauen mir ja nun wirklich nicht viel zu. Aber so ein unbeschriebenes Blatt bin ich auch wieder nicht — immerhin habe ich in den Staaten drüben eine ganze Reihe von Fachreferaten gehalten.

Ratzge: Ahwas.

Dr. Stolzen: Ja, 78 an der Maxwell University in Philadelphia.

Ratzge: Des ka jo i it schmecka — umso besser — meischtens hones mit bluatige Afänger zum dua — desch halt s Berufsrisiko.
Ersch neulich hone wieder son Schmalschpurintelligenzbolza in der Mange ghet — absoluter Blindgänger.

Dr. Stolzen: Herr Ratzge darf ich Sie ...

Ratzge: Ageaba wiea zeah nackete Neger, aber vorm Mikro soo kloi, mit Huat, gell. Mir solls recht sei, wenns bei Ihne besser flutscht. Übrigens — was isch Ihne lieaber — Dokter — wenne Sie zu Ihne sag oder Du — rein proforma?

Dr. Stolzen: Wie darf ich das verstehen? Ich könnte mich nicht erinnern, daß wir ...

Ratzge: Des war jo bloß a Frog, weil des wird bei uns viel praktiziert ... des gäb — des wär — des hett eaba —

Dr. Stolzen: Ich sehe darin eigentlich keine positive Bereicherung unseres Gesprächs ...

Ratzge: Es dät eaba Ihre Persönlichkeit ... es dät eaba die zwischenmenschliche Beziehunga Arbeitgeber — Arbeitnehmer in unaufdringlicher Weise dokumentiera —

Dr. Stolzen: Ich denke, wir lassen alles beim alten.

Ratzge: Also — Dokter — diea Sach lauft folgendermaßen — Ansage — Musik — und wenn i d Musik ausschteura, fanget Siea a klopfa. Also — toi toi toi.

Achtung Band läuft.
Und hier ist wieder, wie an jedem Montag um diese Zeit die beliebte Sendung „Aus der Welt der Arbeit" am Mikrofon wie immer — Ralph Ratzge — zuerst aber ein paar Takte Musik.

(Musik)

Ratzge: Mir gegenüber sitzt Generaldirektor Dr. Stolten ...

(Es klopft)

Dr. Stolzen: Herein —

Ratzge: Aus — aus — aus — es isch doch zum drvolaufa — ausgrechnet jetzt, wos grad so guat glaufa isch.

Schulze-M.: Ich bringe den kleinen Imbiß.

Dr. Stolzen: Ja, das ist nicht zu übersehen — aber was viel schlimmer ist, nicht zu überhören.

Schulze-M.: Tschuldigung.

Ratzge: Etz isch scho so — also Tschirio —

Dr. Stolzen: Ja, prost, zum Wohle — also dann Tschirio.

Ratzge: Ja und Siea trinket nix?

Dr. Stolzen: Nein, nein nicht während der Arbeit.

Ratzge: Oh je, des goht vielleicht bei ma Achtschtundatag, aber bei mir wär des it möglich — do käm i überhaupt niea drzua — Tschirio —

Dr. Stolzen: Läuft doch dieser Trampel mitten in unsere Aufnahme, mir fehlen einfach die Worte.

Ratzge: Und des ischs Schlimmschte, was oim beim Hörfunk passiera ka.

Dr. Stolzen: Ich wollte soeben erwähnen, daß sich unsere Produkte auf dem Markt durchaus positiv profiliert haben.

Ratzge: Ja könnt ma proforma saga, Siea als Profi profitieren von der positiven Profilierung Ihrer Produkte?

Dr. Stolzen: An sich schon, obwohl ich hier ungern vom profitieren spreche, unsere erzielten Gewinne sind doch eher eine interne Angelegenheit.

Ratzge: Aha, aha, da schweigt des Sängers Fluch.

Dr. Stolzen: Wie ich vorher schon erwähnte, wäre es doch sicher angebracht, wenn wir die wesentlichen Produktionsmerkmale vor der Aufnahme kurz durchsprechen würden. Gerade die Rationalisierung bei der Beschichtung der Klarsichtfolien ist aus der Sicht des Nichtfachmanns gar nicht so leicht zu erfassen.

Ratzge: O. k. — o. k. — Aber no viel wichtiger isch, daß diea Klopferei besser klappt. Bis etz könnt ma moina, ihre Maschina hettet sich verkürnet —

Dr. Stolzen: Na schön — ich gebe ja zu, daß ich da etwas überfordert bin.

Ratzge: Was tun, sprach Zeus.

Dr. Stolzen: Moment, moment — ich will mal versuchen ob nicht ...

(Dr. Stolzenberg telefoniert)

Dr. Stolzen: Hallo — hallo — wo sind Sie denn wieder — ja — Frau Dings — schauen Sie bitte unverzüglich im Betrieb nach ob Sie jemand auftreiben können, der ein Instrument spielt — ja, das ist egal, aber bitte schnell, soll sofort raufkommen.

Ratzge: Mir könnet jo solang die textliche Seite durchkaua. Also nomol — durch eine große Glasscheibe fällt unser Blick hinaus auf die tageslichthellen Produktionsräume.

Dr. Stolzen: Mit 18 Klarsichtfolienverpackungsbeschichtungsautomaten.

Ratzge: O. k. — o. k. Also — unser tageslichtheller Blick fällt — des klappt nochher scho. Hier wird die Klarsichtbeschichtung — die Folienverpackung — also die —

Dr. Stolzen: Nein, nein, die Verpackung der kaschierten Klarsichtfolienverpackung geschieht im Packraum. Hier ist die Produktion.

Ratzge: Aha! Also — unser glasklarer Blick fällt.

Dr. Stolzen: Was — unser glasklarer Blick! Es ist so — unser Blick fällt nicht nur durch die Glasscheibe, sondern auch — und das ist ein Novum — durch die glasklare Beschichtung unserer Klarsichtfolienverpackung auf das Produkt. Klar?

Ratzge: Warum saget Se denn des it glei?

Dr. Stolzen: Wir arbeiten natürlich Schicht bei der Beschichtung.

Ratzge: Aha! Moment — also — die Beschichtung der Schichtarbeiter, der Klarschichtarbeiter ...

Dr. Stolzen: Quatsch!

Ratzge: Die bei der Schicht durch die Schichtarbeiter aufgebrachte kaschierte Folienverpackungsschicht

Dr. Stolzen: Nein, nein. Menschenskind — in Schichtarbeit wird die dünne Beschichtung der Klarsichtfolienverpackung mittels Klarsichtfolienverpackungsbeschichtungsautomaten vorgenommen.

Ratzge: Also, nomol — von vorna. Wir blicken durch die Klarschichtscheibe — unser folienkaschierter Blick fällt auf die dünne Schicht der Schichtarbeiter — oder no besser ...

(Es klopft)

Röhrle: Grüß Gott Herr Chef.

Dr. Stolzen: Ja was wollen Sie denn — was machen Sie denn mit dem Koffer — wollen Sie Schnürsenkel verkaufen?

Röhrle: Noi, noi des isch mei Akkordeon.

Dr. Stolzen: Wer hat Sie denn überhaupt hereingelassen?

Röhrle: Des Frailein im Vorzimmer, diea hot doch exschtra dr Herr Bodamüller vom Versand in d Kantine rabgschickt — i war grad beim Kartoffla schäle — heut gibts doch Gordon bleu mit Schinka und Käs dinna und Kartofflasalat. Mir sollet alles liega und schtanda loßa und sofort mit de Inschtrument zum Chef komma, mir müaßtet Ihne ebbes vorschpiela — etz simmer do — i hon no vier Schtück mitbrocht — kommet amol rei — he reikomma.

Alle vier: Grüß Gott Herr Direktor.

Dr. Stolzen: Das ist natürlich ein gravierendes Mißverständnis — Sie sind ja ein ganzes Orchester.

Röhrle: Ganz richtig — des isch die kleine Besetzung von unserem Werksorchester. Komplett simmer jo über 15 Mann, also einschließlich mit de Fraua. Mir schpielet doch immer bei unsere Betriebsfeira, aber des hond Siea wahrscheinlich no gar noit gmerkt. — Siea tanzet jo immer mit dem Frailein do dußa wiea dr Lump am Schtecka — alle Achtung — no in dem Alter.

Dr. Stolzen: Tut mir leid meine Herrschaften — das ganze ist wirklich ein Mißverständnis.

Ratzge: Herr Dokter, do loßt sich was draus macha. I hon scho a grandiose Idee.

Röhrle: Aber etz isch grad gschickt — Herr Chef, daß mir Siea amol unter vier Auga treffet — i hon scho lang amol ebbes froga wella — aber bei Ihne kommt ma jo so schlecht bei.

Dr. Stolzen: Was gibts denn?

Röhrle: Also, beim nächschta Betriebsobed im Oktober kennet mir fünf nimme um 64 Mark dr ganze Obed lang schpiela. Heutzutag, wo allaweil alles teurer wird. Mir hond denkt zamma 75 Mark des wäret 15 Mark pro Nase und Obed.

Dr. Stolzen: Über diese Dinge können wir uns ja ein andermal unterhalten jetzt ist wirklich nicht der richtige Zeitpunkt dafür.

Röhrle: I dät vorschlaga, mir schpielet s Trompetaecho, des hommer am beschta intus. Packet aus Leut —

ka ma afanga, sonscht gibts vor zwoi koi Mittagessa.

(Das Telefon läutet)

Dr. Stolzen: Was ist denn schon wieder — ach du meine Güte, schon kurz vor elf, ich muß sofort zur Aufsichtsratssitzung.

Ratzge: Loßet Se sich no it aufhalta — diea Sach mit dem Ziehharmonikaorcheschter gfallt mir sowieso viel besser, desch doch viel lebendiger. Und welche Firma hot scho sowas? Des isch der Knüller! Daß i do noit scho lang draufkomma bin! A bessre Reklame für Ihra Firma könnt ma sich gar it denka.

Dr. Stolzen: Das ist absolut nicht in meinem Sinne — wir sprechen uns noch.

(Dr. Stolzenberg geht)

Ratzge: So Ruhe bitte, mir schieaßet glei los. I mach die Ansage und gib Euch denn s Zeicha zum afanga. Achtung Band läuft.
Und hier ist wieder, wie an jedem Montag um diese Zeit die beliebte Sendung „Aus der Welt der Arbeit" am Mikrofon, wie immer Ralph Ratzge — es spielt für Sie das bekannte Werksorchester der Klarsichtfolienverpackungsfabrik Professor Dr. Stolzenberg GmbH & Co. KG — das Trompetenecho.

(Trompetenecho)

Die Wohnungssuche

3 Personen: Herr Milefzky · Herr Prinz · Herr Löffler
Ort: Auf der Haustreppe und in der Wohnung
Spieldauer: ca. 14 Minuten

(Milefzky geht eine Haustreppe hoch und läutet an der Wohnungstür. Niemand öffnet)

Milefzky: Do isch scheints gar nieamed drhoim. Des goht jo scho guat a.

(Er pfeift eine Melodie und läutet nochmals)

Milefzky: Jetzt höre ebber.

(Herr Prinz öffnet die Tür)

Prinz: Grüß Gott!

Milefzky: Grüß Gott! I komm weaga dera Wohnung wo geschtern in dr Zeitung war. Meisenweg 6 — bine do richtig bei Ihne?

Prinz: Richtig sind Se scho, aber nicht der Erschte. Bei weitem nicht, oh je!

Milefzky: No isch se also scho vergeaba?

Prinz: S letschte Wort ist noch nicht geschprochen. Wieso suachet Siea eigentlich a andere Wohnung, hot ma Se in dr alta vor Tür gsetzt?

Milefzky: Meh oder weniger. Des Haus wird doch abgrissa, des schtoht in einem Sanitierungsgebiet und wird neu aufbaut mit allen Schikanen und diea neue Wohnunga werret sündhaft teuer.

Prinz: Aha, Siea sind also au oiner von dene, wo am lieabschta umsonscht wohna däte?

Milefzky: Ha noi, aber des goht über meine Verhältnisse.

Prinz: Wieaviel Persona sind Siea denn?

Milefzky: Halt i und mei Frau.

Prinz: Also zwoi?

Milefzky: Genau.

Prinz: Kinder hond Se hoffentlich koine?

Milefzky: Doch, doch, a Tochter. Diea isch aber scho ausm Haus — diea isch scho fascht achtzehne.

Prinz: Was hoißt des — scho ausm Haus? Siea wohnet jo no gar it hinna, no könnet Se doch it saga, se sei scho ausm Haus.

Milefzky: Unsere Tochter wohnt nicht mehr bei uns. Und se dät au it bei uns wohna, wenn mir do hinna wohna dätet.

Prinz: Mit achtzehne isch diea scho ausm Haus — sauber — hond Se se nausgeklet?

Milefzky: Im Gegatoil! Mir hond a ganz primas Verhältnis — do müaßet Se weit laufa, bis Se sowas wiederfindet in dr heutiga Zeit.

Prinz: In dem Fall wär a schlechts Verhältnis besser wiea a guats. Des gibt doch a Mordslauferei, wenn diea allbott doschtoht. Und no gohts a paar Jährla und dann sind en Haufa Enkala do, wo dr Opa bsuachet und im Haus umananderkrakehlet. Des hommer alles scho erlebt. Alles!

Milefzky: Mir könnet uns jo von dr Menschheit ist ganz absondra — no könnet mir jo glei ins Kloschter.

Prinz: Wieso isch eigentlich Ihr Frau it mitkomma? Hot diea nix zum melda? Oder isch diea zvornehm, daß se eine Wohnung in Augaschei nimmt, wo se amol ihren Lebensabend verbringt?

Milefzky: Lebensabend! Des dürft se jetzt au it höra — Lebensabend — desch übrigens mei zwoite Frau.

Prinz: Oh je, wenn des amol eireißt, wenn ma des verschmeckt hot — no reißts meischteris nimme ab. Loßet Se sich des von einem Junggsell saga.

Milefzky: I moin, des isch doch mei Privatsach.

Prinz: I will mi it in Ihra Intim-Atmosphäre eimischa, aber es ...

Milefzky: Des isch nett von Ihne!

Prinz: Ja und wieso isch Ihre Frau it mitkomma?

Milefzky: Diea isch krank — diea hot sich am letschta Mittwoch ...

Prinz: Au no des! Bettlägerig — i glaub, noch kommt diea Wohnung für Siea nicht in Frage. Wisset Se, mir sind ein ruhiges Haus. I könnt des it verantworta, wenn do dr Dokter zu jeder Tages- und Nachtzeit d Treppa rauf- und rabtramplet.

Milefzky: Aber mei Frau hot doch bloß ...

Prinz: Es gibt Gott sei Dank auch Dinge, wo ma selbscht einem Hausbesitzer nicht zuamuata ka. Viel Rechte hommer jo sowieso it.

Milefzky: Des ka jo heiter wera.

Prinz: Ehrlich gsagt, i hon bei Ihne altersmäßig a bißle Bedanka.

Milefzky: Was soll des hoißa?

Prinz: I hon doch exschtra in diea Azoig neigschrieba — 3-Zimmer-Wohnung an rüstiges, solides Ehepaar langfristig zu vermieten. Langfristig hone ausdrücklich ganz fett drucka lassa.

Milefzky: Ja und?

Prinz: Langfrischtig! Wiea wellet denn Siea in Ihrem Alter do drfür gradschtanda? I kauf Katz it gern im Sack.

Milefzky: Ach so, Siea suachet en Mieater mit Altersgarantie? Des wird aber gar it so oifach sei.

Prinz: Womöglich isch Ihra Frau nooo älter? Des ka ma jo niea wissa.

Milefzky: Doch, des woiß ma scho. Diea isch um einiges jünger wiea i.

Prinz: Auch nicht ganz unproblematisch — Herr Dings. Eine alleinstehende Witwe im Haus ist auch nicht der wahre Jakob. Alter schützt vor Torheit nicht. Diea ganget doch meischtens los wiea Blücher.

Milefzky: Was dät denn diea Wohnung koschta?

Prinz: 480 Mark kalt, plus Neabakoschta. Liegt des im Rahma Ihrer Verhältnisse?

Milefzky: Des goht.

Prinz: Was hoißt, des goht? Hettet Se meh ausgeaba wella?

Milefzky: Ha no, i muaß jo diea Wohnung zersch gseah hon.

Prinz: Garage koschtet 40 Mark, des kommt natürlich no drzua. Siea hond doch sicher a Auto?

Milefzky: Jo, jo, i fahr seit 58 en Cortina 336 — silbermetallic.

Prinz: No sind Se scheints zfrieda, wenn Sen scho so lang hond?

105

Milefzky: Einwandfrei — er hot bloß oin kloina Macka, er lauft a bißle schwer a, do muaße immer alle Regischter zieah. Ohne flatiera macht er koin Muckser.

Prinz: Des isch eaba des — no orglet Siea scho am früha Morga in dr Garage umanander bis der alt Kübel lauft, wenn de andre Mieater no im tieafschta Schlof lieget.

Milefzky: He, he, von weaga alter Kübel! Der hot no koi oinzigs Roschtfleckle.

Prinz: Des wär mir jo no eher gleich, des dät ma jo it höra, Herr Dings.

Milefzky: Milefzky isch mein Name. Entschuldigung, i hon me jo no gar noit vorgschtellt.

Prinz: So — Milefzky ist also Ihr werter Name! Des klingt au it grad urschwäbisch. Sind Siea womöglich en Ausländer?

Milefzky: Noi, do ka i Siea beruhiga. I bin ganz hier in dr Nähe gebora, in Sulzwanga — also en waschechta Schwob.

Prinz: Jaaa — des ka jeder behaupta.

Milefzky: I ka Ihne jo meine Papiere zoiga.

Prinz: Papiere, Papiere! Papiere sind Schall und Rauch! Diea ka jeder Kinderschüaler fälscha.

Milefzky: Aber Siea glaubet doch it im Ernscht, i dät me an meine Papiere versündiga, bloß weil i a Wohnung suach?

Prinz: I hon jo it behauptet, daß Siea des gmacht hond. I hon bloß gsagt, daß es zu machen wäre. Siea brauchet mir it s Wort im Maul rumdreha — sonscht wirds nix mit dera Wohnung. Milefzky isch auf jeden Fall ungewöhnlich für en Schwob. Es wär jo au ungewöhnlich, wenn in Sibirien hinda oiner Häfele hoißa dät.

Milefzky: I ka me jo weaga Ihne it umtaufa loßa. Meine Vorfahra kommet irgendwo ausm ...

Prinz: Irgendwo, irgendwo! Sehet Se, des isch eaba grad des! Wisset Se, i dät eaba scho gern wissa, wene im Haus hon.

Milefzky: Lieaber en aschtändiga Ausländer, wiea en einheimischer Lump.

Prinz: No war also meine Vermutung, daß Siea it von hier sind gar it so falsch?

Milefzky: Ganz falsch, total falsch. Aber es gibt jo schlieaßlich au no aschtändige Einheimische.

Prinz: Und parteimäßig, wiea siehts do bei Ihne aus?

Milefzky: Wiea derfe des verschtanda? Ja, wo simmer denn? Wird diea Wohnung nochm Parteibuach vergeaba?

Prinz: Ja und nein! Gucket Se, es isch so: Löfflers, wo oba wohnet, do isch er nachweisbar bei dr CDU, gell. Und Lachameiers, wo hindanaus wohnet, sind boide bei dr SPD — also er und siea — scho seit ewige Zeita. Aber diea hond einen separaten Eingang. Wohlweislich!

Milefzky: Des verschtand i scho.

Prinz: Es kann also praktisch im Hausgang und auf dr Treppa zu koine politische Auseinandersetzunga komma. Die Natur hot do sozusaga einen Riegel vorgschoba.

Milefzky: Siea denket aber scho au an gar alles! Proporz hoißt ma des.

Prinz: Siea, weret Se bloß it ausfällig.

Milefzky: Ja und in welcher Partei sott no i sei? Was wär Ihne do angenehm?

Prinz: Möglichscht in gar koinra. Oder eventuell ...

Milefzky: Findet Se ist, daß Siea a bißle zweit ganget bei Ihre Anforderunga. Die Meinungsfreiheit isch jo Gott sei Dank im Grundgsetz verankert — und zwar nicht zu knapp.

Prinz: Ah so — doher pfeift dr Wind. Siea drohet mir mitm Gsetz scho vor Se hinna sind — Holzauge sei wachsam!

(Herr Löffler kommt die Treppe hinauf)

Löffler: Grüß Gott, Herr Prinz!

Prinz: Ah, dr Herr Löffler! Guata Obed, so, hond Se Feierobed?

Löffler: Jo, des isch nimme zfrüha — lang gnuag seit sechse heut morga.

Prinz: Do hond Se recht! Schöna Obed, Herr Löffler!

Löffler: Ihne au. Ade.

Prinz: Sehet Se, des war jetzt dr Herr Löffler. Schtill und bescheida, den hett ma gar it ghört, wenn er it grüaßt hett.

Milefzky: Des isch en netta Ma.

Prinz: Und wenn Siea do hinna wohna dätet, dätet Siea genauso drvo profitiera, wenn sich d Leut aschtändig aufführet. Oi Hand wäscht de ander.

Milefzky: Siea dond jo grad so, wiea wenn mir Halbschtarke wäret. Ja kann i diea Wohnung jetzt amol agucka?

Prinz: Sicher! Kommet Se rei. Doo, s isch alles tip-top grichtet, do isch Küche. Kommet Se — do isch Schlofzimmer, lauter Eibauschränk. Do s Wohnzimmer.

Milefzky: Des isch a gmüatlichs Eckle do hinda.

Prinz: Alles echte Seidatapeta! I nimm jo schwer a, daß Siea Nichtraucher sind. Bei dene Vorhäng schlupft dr Rauch nemlich saumäßig nei.

Milefzky: Ma könnt jo a Täfele namacha: Nichtraucher.

Prinz: I hoff jo schwer, daß sich Ihr Bekanntakreis personamäßig im Rahma haltet.

Milefzky: Siea könntet jo bei unsere Bsuach immer a Muschterung durchführa.

Prinz: Mein Haus ist nämlich nicht der richtige Ort für überschwängliche Parties, wo ma oim aufm Grind rumtramplet, daß oim schier Decke auf dr Kopf flieagt. Wo ma sich dr Kanal vollaufa loßt. Alles schon dagewesen!

(Das Telefon läutet)

Prinz: Moment — Herr Dings! Ah, Siea ruafet au weaga dera Wohnung a? Noi, i hon scho anderweitig entschieda. Jo, jo, a sehr nettes, älteres Ehepaar. Jo, a andersmol gern, freilich.

(Laute Diskussion im Treppenhaus)

Prinz: Was isch denn do los? Hallo — i hör jo nix meh. Do hört sich doch alles auf.

Milefzky: Do dußa gohts jo zua wiea im Himmel vorduß a.

Prinz: Do sind wieder amol Löfflers und Lachamaiers hindranand komma.

Milefzky: Noi, in so ama Haus könnt i it wohna. Des isch nix für mi.

Prinz: Ruuuuheeee, Lumpapack!

Milefzky: Und i moin halt, Herr Prinz, ein Hausbesitzer sott au a klois bißle drfür sorga, daß im Haus Ruhe und Ordnung herrscht.

Besuch der alten Dame

2 Personen: Erna · Herbert
Ort: Im Wohnzimmer
Spieldauer: ca. 12 Minuten

Herbert: Ernaa — Ernaaa.

Erna: Jaaa.

Herbert: Erna komm schnell.

Erna: I ka jetzt it, i hon Dampfnudla aufm Feuer — dene muaße flatiera, daß se it nabhocket.

Herbert: Des schpielt etz koi Roll meh — komm schnell mir hond gwonna — gewonnen!

Erna: Gwonna — des war aber au allerhöchschte Zeit, wiea lang tippet mir jetzt scho, acht Johr, wenn it no länger.

Herbert: A was — doch it im Lotto — ima Preisausschreiba.

Erna: Ach so — i hon scho denkt, i muaß nimme zum Putza. Jetzt wo hommer gwonna?

Herbert: Hier, bitte — 5. Preis.

Erna: Hosch also hindarum bei ma Preisausschreiba mitgmacht — do hette wieder amol nix drvo erfahra, wenn mir it zuafällig gwonna hettet.

Herbert: A was — des hone doch im Gschäft gmacht.

Erna: Und i hon immer gmoint, Du hoschs im Gschäft so schindig, daß Du kaum zum Schnaufa kommsch. So überschaffet wiea Du immer hoimkommsch, könnt mas fascht glauba. Aber für so en Gruscht hosch Zeit.

Herbert: Des war doch ein Klacks, in zwanzig Minuta war alles passiert. Den Werbespruch für Luxomata-Waschmaschina hot ma müaßa ergänza. Luxomata wäscht blüten — und denn a paar Pünktla.

Erna: Weiß.

Herbert: Du bisch aber ein Intelligenzbolza —

Erna: Was hommer eigentlich gwonna? A Päckle Wäschpulver oder en Kugelschreiber?

Herbert: Daß Dirs nix duat — den 5. Hauptgewinn. Und do ka ma sogar wähla, entweder eine Reise auf dem Rhein mit dem Schiff, oder ...

Erna: Schtoht des wirklich dinna, mit dem Schiff?

Herbert: Freilich —

Erna: Wellet diea uns für dumm verkaufa, ja glaubet diea mir moinet aufm Rhein fahrt ma mitm Omnibus?

Herbert: Und zwar für zwei Personen. Oder — eine Reise nach Ulm, ebenfalls für ...

Erna: Noch Ulm — noch Ulm, weaga dene 50 Kilometer, do brauchet mir it gwinna, des könnet mir uns grad no so leischta.

Herbert: Etz wart doch, also auch für zwei Personen mit Theaterbesuch — Besuch der alten Dame.

Erna: Besuch der alten Dame — ja, schtoht it dinna wer des isch — diese alte Dame. I gang it gern zu wildfremde Leut.

Herbert: Noi — do schtoht bloß von Dürrenmatt —

Erna: Komisch — des isch sicher wieder so ein übler Verkaufstrick. Diese Dürrenmatts sind beschtimmt die Inhaber von der Waschmaschinafabrik.

Herbert: Moinsch — ja und was soll noch des für ein Theaterbsuch sei?

Erna: Des — nichts anderes als eine Werbeveranstaltung für ihre Waschmaschina. Sonscht bräuchtet se jo nix verheimlicha — sonscht könntet ses jo neischreiba, was für a Schtück gschpielt wird.

Herbert: Du siehsch immer alles negativ.

Erna: No derfet bloß no so a paar junge Werbedama do sei und scho isches bei Dir passiert.

Herbert: Du fantasiersch.

Erna: Diea Waschmaschina-Vorführdama sind doch mit allen Wassern gewaschen, diea soifet de ei noch Schtrich und Fada. Des hoißt, do brauchts bei Dir gar it viel.

Herbert: Ach du liebe Zeit —

Erna: Do kasch wieder den Mann von Welt markiera — und mitm Geld rumschmeißa, wiea en Ölscheich. Wenn ma Dir freie Hand loßa dät kämet mir no um Haus und Hof. S isch bloß guat, daß mir weder s oine no s ander hond.

Herbert: Do wäre aber schtill wenne Di wär, wiea wars denn bei dera Fahrt noch Bad Wiessee — wer hot denn do die Heizdecke kauft? Du oder i? Bloß weil so en junga Schnösel um Di rumgschlicha isch wiea a legige Henn.

Erna: Jetzt weret wieder de alte Gschichta aufgwärmt — mach no so weiter.

Herbert: D Auga hosch verdreht wiea — wiea d Jungfrau von Orleans. Drbei hett des Dein Sohn sei könna. Aus erschter Ehe wohlgemerkt. Hundertmol hone zu dem aufblosana Playboy gsagt — mir brauchen keine Heizdecke.

Erna: Jo, und grad des war verloga — wer braucht denn diea Heizdecke Tag und Nacht? — Du oder i — derfsch jo bloß amol unser Schtromrechnung agucka.

Herbert: Es zwingt uns jo niemand daß mir noch Ulm fahret. Mir könnet jo diese Schiffsreise aufm Rhein macha.

Erna: Freilich, aber des ka aufm Schiff genauso passiera, daß se uns a Waschmaschin adreha wellet, und do bisch gfanga wiea in ra Mausfalla, do gibts kein Entrinnen, ein ganz raffinierter Trick.

Herbert: Lies doch zersch amol, wos überhaupt nagoht.

Erna: Hosch scho wieder alles verblättret.

Herbert: Also paß auf, do schtoht — Sie fahren mit einer Begleitperson ...

Erna: Was soll des hoißa — hosch it klipp und klar neigschrieba im Falle eines Gewinnes verreise ich mit meiner lieben Frau Gattin?

Herbert: Des isch doch dene egal wer mitgoht.

Erna: Aber mir isches it egal — hosch wieder Heimlichkeita — gibs doch zua. Isches s Fräulein Perlwein?

Herbert: Frau Perlwein, bitte.

Erna: Du muasch es jo wissa — bitte — bitte. Dreißg Johr bine drhoim rumghocket, noch muaße au do it drbei sei. Und wenne noch Ulm will, kane mit meim Schwoger numfahra — der duat jo jede Woch Saua in Schlachthof noch Ulm. Isch doch wohr.

Herbert: Mir solls recht sei — macht ma eaba die Rheinfahrt.

Erna: Wo goht diea na?

Herbert: Doo — Schiffsreise auf dem Rhein — au fir zwoi Persona von Speyer noch Rüdesheim.

Erna: Do könntescht de Du wieder vollaufa loßa, aber do bleibt Dr s Maul sauber — von wegen Verpflegung inbegriffen, do schtoht koi Silbe dinna.

Herbert: In Rü-des-heim in der Drosselgass, da steht das Glück vor der Tür.

Erna: So ein Blödsinn — des hoißt am Wolfgangsee ...

Herbert: Wer schwätzt denn vom Wolfgangsee — schtoht in dem Prospekt ein Wort vom Wolfgangsee? Kasch mir des zoiga? Drhoim bines jo gwöhnt, daß Du so blöd drherschwätscht. Wenn mir aber verreiset reißscht De a bißle zamma, und zwar unabhängig davon, ob mir noch Rüdesheim fahret oder noch Ulm. Verschtanda.

(Erna weint)

Herbert: Do pläret ma doch it, wenns um eine koschtalose Vergnügungsreise goht. Guck mir könntet doch bei dera Glegaheit in Speyer Tante Martha bsuacha.

Erna: Au jo — diea könntet mir doch mitnehma zu der alta Dame noch Ulm.

Herbert: Erna — des sind zwoi paar Schtiefel, entweder noch Ulm oder noch Rüdesheim, oder die dritte Möglichkeit: Bargeld im Wert von 300 Mark.

Erna: Obwohl — a Waschmaschin könntet mir jo dringend braucha. De alt machts nimme lang.

Herbert: Scho — aber Enderles hond doch diese Luxomata, diea dät scheints koine Baim rausreißa.

Erna: Ma siehts allamol. So a Wäsch käm mir it in Schrank.

Herbert: Du, i woiß wiea mirs machet. Mir nehmet diea dreihundert Mark in bar — leget no ebbes drauf und kaufet a Waschmaschin, aber a anders Fabrikat.

Erna: Do schlaget mir zwoi Flieaga mit oiner Klappa — die Firma Luxomata hot koi Arbet mit uns und mir hond a guate Maschin.

Aufm Fundamt

3 Personen: Herr Abel, Angestellter bei Fundamt (Abel)
Herr Sättele, Besucher (Sättele) · Ältere Frau, Besucherin (Frau)
Papageistimme
Ort: Im Fundamt
Spieldauer: ca. 20 Minuten

Frau: ... aber, daß den Schirm jemand abgeaba hon könnt — bei Ihne aufm Fundamt, auf diea Idee wär i im Traum it komma.

Abel: Es gibt eben doch noch ehrliche Menschen.

Frau: Sieht fascht so aus, mei Freundin Carola, diea hot mi drauf brocht, wenn alle Schtrick reißet, hot se gsagt, gohsch aufs Fundamt — und siehe da, do isch er. Recht hot se ghet — d Carola — ausnahmsweis.

(Sättele kommt)

Sättele: Grüß Gott.

Abel: Da haben Sie ja Glück gehabt. Grüß Gott. Moment noch, ja.

Frau: Wisset Se, i bin bloß schtutzig wora, weil de ganz Beterei zum heiliga Antonius war für Katz, i hon scho denkt, do ka doch ebbes it schtimma, des isch doch sonscht it sei Art. Derf ma froga, wo mein Schirm gfunda wora isch?

Abel: Moment, das müßte eigentlich auf dem Formular vermerkt sein. Ja — hier Fundort: Fußballplatz.

Frau: Wo?

Abel: Auf dem Fußballplatz.

Frau: No kas it mein Schirm sei, i war seit Menschengedenken nimme aufm Schportplatz — und i gang au nimme na — und wenne naganga dät, auf koin Fall, wenns regnet. — Aber wiea kommt ausgerechnet mein Schirm do na — noi, do isch was faul im Schtaate Dänemark.

Sättele: ... saget Se — goht des denn no lang ...?

Abel: Moment. Vielleicht wurde er tatsächlich irgendwo anders gefunden und auf den Sportplatz mitgenommen und dort wieder vergessen.

Frau: Siea moinet also, daß ihn der Finder glei wieder verlora hot?

Abel: Wer weiß.

Frau: So eine Unverschämtheit, womöglich war no schlecht Wetter und der isch de ganz Zeit mit meim Sonntigschirm im Reaga rumgschtanda — do wird er nemlich it besser drvo — des brauchet Se it moina.

Abel: Hauptsache, Ihr Schirm ist unversehrt wieder da.

Frau: Do derf ma gar it drüber nochdenka, sonscht wird ma ganz hintersinnig.

Sättele: Wenn komm eigentlich i amol dra?

Abel: Moment, wir sind gleich fertig — so, bitte hier noch die Empfangsbescheinigung unterschreiben. Finderlohn wird nicht erhoben, da der auszuhändigende Gegenstand nur noch ideellen Wert besitzt.

Frau: Soll des hoißa, er wär a alts Glump? S neueschte Modell isches zwar nimme — aber drhoim rum duat ers scho no.

Abel: So — bitte, hier unterschreiben.

Frau: Oh jeminee, jetzt bine aber aufgschmissa, etz scheint au no d Sonna ausgrechnet heut — und i lauf mitm Reagaschirm umanand. Hond Se mir it a alte Zeitung, wo nen eipacka ka, sonscht hoißts jo doch glei wieder, diea isch it ganz bacha. Also, Adele — und nix für uguat.

Abel: Ist schon recht — Auf Wiedersehen. So, jetzt zu Ihnen.

Sättele: Des isch doch komisch, seit zwoi Schtund suach i des Fundamt wiea a Schtecknodel, ja moinet Se, i hetts gfunda — it ums Verrecka. So weit hindadieba. Drbei hoißts au no zu allem Überfluß „Fundamt".

Abel: Naja, bisher hat noch jeder hergefunden — aber, ich muß Ihnen trotzdem Recht geben, Fundamt ist sachlich nicht ganz richtig, weil ja nicht des Amt gefunden wird, sondern ...

Sättele: Eaba, i hons jo fascht it gfunda.

Abel: Richtig wäre die Formulierung: Amt für verlorengegangene Gegenstände.

Sättele: Noi, des wär genauso falsch, weil jo nicht alle Sacha abgeaba weret. Es gibt jo au Fundsacha, wo jemand findet und nicht abgibt, oder Fundsacha, wo jemand verliert im Gras oder Heu oder im Indischa Ozean oder so, wo niemand findet, also auf Lebenszeit verlorena Sacha, sozusagen unauffindbare Fundsacha.

Abel: Aber, wenn es niemand findet, ist es im Sinne des Paragraphen 148 Strich 2 keine Fundsache.

Sättele: Es müaßt hoißa — Amt für abgegebene Gegen — noi Amt für Gegenstände, wo verloren gegangen sind und abgegeben worden wurden, noi oder oifach ganz kurz: Amt für verlorengegangene und wiedergefundene Fundsachen.

Abel: Das wäre doppelt gemoppelt — weil der Tatbestand des Auffindens setzt ein Verlorengehen — ein Verlierengehen logischerweise voraus.

Sättele: Ganz richtig wärs eigentlich erscht, wenns hoißa dät: Amt für Fundsachen, wo erschtens verlorengegangen sind, wo zweitens gefunden worden sind, wo drittens vom ehrlichen Finder ordnungsgemäß abgegeben wurden, wo viertens vom Verluschtträger daselbst abgeholt werden können.

Abel: Das ist ja ein ganzer Roman, aber doch keine Bezeichnung für eine kommunale Einrichtung.

Sättele: Wenn ma oifach saga dät „Fundamt". Ha, ha so hoißts jo au. Sagt eigentlich alles.

Abel: Ehrlich gesagt ist es mir ja auch piepe, wie der Laden hier heißt, viel wichtiger ist, daß der alte Krempel hier abgeholt wird.

Sättele: Do schtoht jo au en Haufa Zeug rum.

Abel: Das ist bei weitem noch nicht alles, nebenan ist noch ein ganzes Zimmer voll.

Sättele: Ihr hond fascht a größere Auswahl wiea manches Kaufhaus. Schöne Sacha — teilweise. Wiea ma bloß so wertvolle Sacha verliera mag.

Abel: Man verliert sie ja nicht absichtlich, sonst wäre man sicher wählerischer.

Sättele: Do hond Se recht.

Abel: So, jetzt aber — haben Sie etwas verloren oder gefunden?

Sättele: Verlora.

Abel: Und was bitte?

Sättele: En Schlüssel.
Dr Brieafkaschtaschlüssel.

Abel: Da brauche ich gar nicht erst nachsehen, so ein kleiner Schlüssel ist mit Sicherheit nicht hier.

Sättele: No ka ma au nix macha.

Abel: Nein, so Kleinigkeiten werden meistens nicht abgegeben. Das lohnt sich ja nicht.

Sättele: Was hoißt lohnt sich nicht? Woher wellet denn Siea wissa, was bei meiner Poscht drbei isch. Ob sich des lohnt oder it.

Abel: Ich meine doch für den Finder lohnt sichs nicht. Da gibts ja keinen Finderlohn — genausowenig wie für den Schirm von der Frau da.

Sättele: Des goht mi nix a, des isch it mei Bier.

Abel: Wie gesagt, so kleine Schlüsselchen werden nicht abgegeben.

Sättele: Hano, so kloi war des au wieder it, de andre waret scho wesentlich größer.

Abel: Welche anderen denn?

Sättele: Ha de andre Schlüssel an dem Schlüsselbund.

Abel: Ja, warum sagen Sie denn das nicht gleich — es sind also mehrere Schlüssel?

Sättele: Jo, jo, aber de andre sind it so wichtig, des wär egal, wenne diea nimme krieag.
Dr Brieafkaschtaschlüssel alloi dät roicha.

Abel: Es ist kaum anzunehmen, daß jemand den Briefkastenschlüssel abgibt und die anderen behält.

Sättele: Auf d Leut isch halt koin Verlaß meh.

Abel: Wars so ein Schlüsselbund wie dieser?

Sättele: Ha noi — meine waret doch ima Etui dinna.

Abel: Ja, woher soll ich denn das wissen. Was hat denn das Etui für eine Farbe?

Sättele: So bräunlich — rot — rotbraun — aber meh braun — also braunrot.

Abel: Braunrot sagen Sie, Moment, es könnte sein, daß da — ist es vielleicht das hier?

Sättele: Ha noi, lang it so rötlich, viel brauner, so wiea des rotbraun do hanna so war diea Aktatasch, wo des Etui dinna war, genau des Rotbraun.

Abel: Und war die Aktentasche vielleicht auch noch irgendwo drin? Da kann ich ja lange suchen.

Sättele: An dem Schlüsselbund isch sogar no dr Schlüssel danna von unserem Hasaschtall. Aber mir hond scho lang koine Hasa meh. Wiea gsagt, den Schlüssel däte nimme braucha, au nimme, wenn mir dr Schlüsselbund wieder findet.

Abel: Muß ich also eine Aktentasche suchen?

Sättele: Joo, dr letschte Has, dem hommer an Weihnachta s Fell über d Ohra — also, der hot an Weihnachta dra glauba müaßa. Jetzt kommt mir koiner meh ins Haus. Ma woiß jo nimme mit was mas fuattra soll, s isch jo alles gschpritzt — reschtlos vergiftet — gelbe Rüaba, Kohlräbla, Rhabarber, do ganget se alle ei drvo. Do iß es doch lieaber selber, i moins Gmüas, vor so a arms Tierle s Ranzaweh krieagt — oder ...

Abel: Da wäre jetzt eine braune Aktentasche — ist es eventuell diese?

Sättele: Noi, bei weitem it, des isch genau des Braun vom Etui. Aber i sag jo, des Braun von der Aktatasch isch viel rötlicher. Ziemlich viel. Ja, waas, und Viecher dond Se au no aufbewahra — durchfuttra auf Schtaatskoschta.

Abel: Ja, leider — eine Katze, eine Schildkröte — zwei weiße Mäuse — einen Wellensittich —

Sättele: Siea hond jo de reinscht Menascherie beianander ...

Papagei: Blöder Hund, blöder Hund.

Sättele: Ja, was höre denn do — ja, des isch jo unser Bebbi — ja Bebbi, wiea kommsch denn Du doher — ja sowas.

Abel: Ja, sagen Sie bloß, Sie kennen diesen komischen Vogel.

Papagei: Blöder Hund.

Sättele: Halts Maul, Bebbi, sonsch verbrennsch dr bloß no Gosch. Ja, unser Bebbi. Do bine ganz schprachlos, do muaß i grad nahocka. Am Pfingschtmontag isch er uns entlaufa, mir hond natürlich denkt, den hot scho lang Katz gfressa — mit Schtumpf und Schtiel — mit dem hot niemed grechnet, daß der no exischtiert. Bebbi — sag amol — Onkel Willy — alter Esel — Onkel Willy — alter Esel. Scho recht Bebbi, des kommt scho wieder. Oh Bebbi, daß Du no leabsch — mei, war des a Familialeaba ohne Di. Ja, saget Se bloß, wer hotn Ihne denn brocht?

Abel: Niemand, das ist ja das Kuriose, der ist uns direkt zugeflogen.

Sättele: Ja, gibts des au, fliegt der direkt aufs Fundamt — des hosch brav gmacht. Gell, wenn der sich selber gmeldet hot, no muaß i scho koin Finderlohn zahla.

Abel: Nein, nein, nur Kost und Logis.

Sättele: Mägerle bisch worra. Etz hosch amol am oigana Leib verschpürt wiea schees drhoim isch. Woisch, d Hoimet ka oim niemed ersetza.

Abel: Unsere Putzfrau hat sich immer sehr liebevoll um ihn gekümmert. Er ist ihr direkt ans Herz gewachsen.

Sättele: Unser Bebbi braucht it wildfremde Leut ans Herz wachsa. Reiß De doch a bißle zamma. Ans Herz gwachsa, des isch natürlich nicht im Sinne des Erfinders. Aber den bring i scho wieder auf Vordermann.

Abel: Wie wollen Sie ihn denn transportieren?

Sättele: Hond Se koi Schuahschachtel?

Abel: Ich glaube schon.

Sättele: Do wirds Fraule Auga namacha, do frait se sich ärger, wiea wenne dr Brieafkaschtaschlüssel auftrieba hett. Und mir hond ausgrechnet letsch Woch sei Käfig zum

Schperrmüll dua. Aber Bebbi, deshalb brauchsch Dr koine graue Hoor wachsa lassa. Desch s kleinscht Problem. A Tierle ka eaba leider it schwätza. Des hoißt er ka scho schwätza, aber eaba it des, was er sott. Er woiß jo it, was er fürn Blödsinn zammablabbret — sonscht dät ers vielleicht gar it saga.

Abel: Das kann man nie wissen.

Sättele: Eaba. Aber er ka halt it saga, wo er wohnt und wem er ghört. D Uhr kennt er jo au it. Wenn i dem zum Beischpiel beibringa dät — s isch halb fünfe — halb fünfe.

Papagei: Halb fünfe — halb fünfe.

Sättele: Sehet Se, er hots scho bekäpst.

Abel: Dann sagt er den ganzen Tag bloß halb fünfe — halb fünfe.

Papagei: Halb fünfe — halb fünfe.

Sättele: Jo, isch scho recht — er sagts natürlich au, wenns gar it halb fünfe isch.

Abel: Es ist ja jetzt auch nicht halb fünf. Er kennt ja die Uhr nicht.

Sättele: Eaba. S könnt natürlich durch Zuafall sei, daß es grad halb fünfe isch, wenn ers sagt. Wenn des jemand hört, wo gar it woiß, daß der um halb viere genauso sagt, halb fünfe, halb fünfe, no moint der, der Vogel sei hochintelligent. Pfeifadeckel. Nur, wenns jemand hört — zum Beischpiel um halb viere — oder um halb sechse und dr Bebbi sagt halb fünfe, no weiß derjenige, daß der Vogel gar it woiß, wia schpät s isch. Außer er sagt ausgerechnet an dem Tag wo d Uhr umgschtellt wird auf Sommerzeit — schtatt halb viere — halb fünfe — no könnt ma moina, er kennt d Uhr — aber er sei noit so kurzfristig umdressiert.

Abel: Ja, ja.

Sättele: Aber wisset Se, mit so einem Viech brauchsch a Eselsgeduld. Bis ma dem ebbes beibringt — und wenn der amol it will no will er it. Aber i zoigm scho, wo dr Bartel dr Moscht holet — no kriegt er immer 14 Tag nix zum Fressa und auf oimol gohts. Des schafft ma nur mit einer unendlichen Tierliebe. Sonscht machet diea Sieacha, diea nixige, was se wellet.

Abel: Ja, ja man muß schon viel Zeit aufwenden — aber Herr ah ...

Sättele: Eaba. Aber Siea sehet jo, des lohnt sich — des gibts bei mir it, im Käfig rumhocka und Trüabsal blosa — desch jo nausgschmisses Geld. So oiner verdient jo it s Wasser an d Suppa na ...

Abel: Ich hätte eigentlich noch einiges zu tun.

Sättele: Wisset Se, antiautoritäre Erziehung hot do gar koin Wert. Sobald diea merket, daß ma Zügel lockerloßt, scheißet diea oim aufm Kopf rum, daß es bloß so schtaubet. Wiea wars denn mit dr Sylvia von Enderles, eine Kataschtrophe — anti bis zum geht nicht mehr. Und wo d Eltra koi Land meh gsea hond, hot ma se in a Pensionat gschteckt. Falsche Erziehung, und des Kind ka doch am allerwenigschta ebbes drfür. Siea, wo i des erfahra hon von dr Sylvia von Enderles, hon i zu mir gsagt und zu meim Weib: Dr Bebbi wird so erzoga wiea mir früher, schtreng, aber gerecht.

Abel: Darf ich Ihnen jetzt ...

Sättele: Dr Oberlehrer Hartmann hot scho seinerzeit gsagt: „Man lernt nicht für die Schule, sondern fürs Leben", recht hot er ghet. Des sieht ma jetz wieder am Bebbi. Des hot no nieamed bereut. Und solang der d Füaß under mein Tisch nabhängt, wird dua was i sag.

Abel: Nun ja, jeder wird nach seiner Facon glücklich.

Sättele: Sein Vorgänger hot jo Bobbi ghoißa — also nicht Bebbi — des wär pietätlos gweasa. Den hommer jo seinerzeit gebraucht kauft. Von einem Ehepaar aus Sachsen. Nette Leut. Aber eaba viel zguatmüatig. Do hot der dr ganz Tag schwätza derfa, was er hot wella. Zuchterfolge gleich null. Do erweist ma so ama Tierle koin Dienscht.

Abel: Ich verstehe zu wenig davon.

Sättele: Jo, jo diea hond den Vogel aus Sachsen mitbrocht — do hotr no Hansi ghoißa — saublöd gell. Aber, wisset Se, dr ganz Tag des sächsische Gequassel von dem Vogel, des paßt oifach it in en schwäbischa Haushalt. Mir hond alle Regischter zoga, hond aber oifach koin Familienanschluß krieagt. Der war immer ein Fremdkörper.

Abel: Ihre Tiergeschichten sind ja wirklich interessant — aber ich hab noch so viel zu erledigen.

Sättele: Siea, in mühevoller Kleinarbeit hon i dem sogar s Witzverzehla beibrocht — drei Witz hot der verzehla kenna. Pointe hot er zwar moischtens verhunzt — des hoißt eaba, it richtig betont, er hot oifach en andre Humor ghet. Grad, wenn mein Chef amol bei uns eiglada war, no isch ma au bloß blöd rumghocket — no hone bloß saga dürfa — Bebbi, komm gib oin zum Beschta — no war immer glei a Bombaschtimmung.

Abel: So, jetzt hole ich mal den Vogel aus dem Käfig.

Sättele: Obacht, Vorsicht, der haut Ihne ab — Bebbi sitz — Platz Bebbi — Fuß — ah Platz — scho naus.

Abel: Da — da drüben, da, dort sitzt er auf dem Baum.

Sättele: Also, der Vogel hot jo wirklich en Vogel. Siea, dätet Se it doch nomol noch meim Brieafkaschtaschlüssel gucka?

D Volkshochschual

2 Personen: Herr Abel, Sekretärin der Volkshochschule (Abel)
Herr Hefele, Besucher (Hefele)
Ort: Sekretariat der Volkshochschule
Spieldauer: 8 Minuten

(Es klopft)

Abel: Herein.

Hefele: Grüß Gott — i möcht mi gern amelda für en Lehrgang in d Volkshochschual.

Abel: So so, für en Lehrgang — also erschtens machet mir koine Lehrgäng sondern Kurse und zwoitens war geschtern Ameldeschluß fürs nächschte Semeschter.

Hefele: So, jo no ka ma nix macha, geschtern hone it komma könna, do ware verkältet.

Abel: Aha — aber diea Ameldemöglichkeit war jo it bloß geschtern, diea lauft scho seit über drei Monet — so lang waret Se jo sicher it verkältet — Siea sehet amol gar it kränklich aus — im Gegatoil.

Hefele: Also wenne a ärztlichs Attescht brauch, gange zuma Dokter und it zu Ihne.

Abel: Herr — ahh ...

Hefele: Hefele ist mein Name.

Abel: Jo — Herr Hefele — des war doch it persönlich gmoint.

Hefele: Wenn Ses it persönlich moinet, brauchet Ses au it persönlich zu mir saga.

Abel: Was für en Kurs hond Se denn belega wella?

Hefele: Yoga.

Abel: Yoga — mhm — Yoga macht Schneider zwo, 8 Abende, jeweils Freitag von 16 — 18 Uhr, Kursgebühr 16 Mark, Studenten und Schüler 12 Mark, Rentner 2 Mark. Der Kurs ischt aber ausbuacht. Autogenes Training — desch ganz ähnlich, do wäret no zwoi Plätz frei. 8 Abende, jeweils Donnerstag von 17 — 19 Uhr, Schtudenten und Schü ...

Hefele: Am Donnerstag isch bei mir nix drin, do hone Skat.

Abel: Sonsch isch bloß no bei de Schprocha was zu machen, zum Beischpiel Griechisch und Latein — obwohl, Griechisch isch fraglich — do isch erscht oi Ameldung do — und dr Professer machts erscht ab sechs Persona. Aber der dät sich furchtbar fraia, wenn no jemand komma dät.

Hefele: Des hoißt mit anderen Worten, i soll Griechisch lerna, daß dr Herr Professer dr Lada voll krieagt.

Abel: Oder Latein — des wär doch was für Siea.

Hefele: Latein — was soll i mit Latein? In dr Kirch schwätzt ma jetzt deutsch und sonscht komme au nirgends na, wo ma sich lateinisch unterhaltet.

Abel: Jo aber — wenn Siea lateinisch könnet und sind bloß a klois bißle schprachbegabt, verschtandet Se scho einiges italienisch.

Hefele: Jo, no kane jo glei italienisch lerna.

Abel: Griechisch und Latein sind eaba tote Schprocha — do kan i au nix macha. I hon se it kaputt gmacht. Ha ha ha.

Hefele: Des glaub i Ihne scho, aber irgend jemand wirds doch abgmurkst hon

Abel: Dr Professer sagt immer — es sei sehr wichtig, daß ma tote Schprocha am Leaba haltet. Siea sottet sich etz scho langsam entscheida — i hons Ihne jo scho gsagt, d Ameldefrischt isch eigentlich scho abglaufa.

Hefele: I glaub, wenne griechisch lerna dät, hette meh drvo, i will sowieso amol noch Griechaland nab.

Abel: Sehet Se!

Hefele: Bei uns in dr Maschinafabrik schaffet oiner — dr Patopolos, der isch do dunda drhoim — der hot me scho a paarmol eiglada.

Abel: Jo, aber in Griechaland schwätzt ma jo it des Griechisch.

Hefele: Siea — etz schwätzet Se bloß koin Dreck raus, etz derfet Se bloß no saga, in England schwätzt ma it englisch und in Frankreich it französisch.

Abel: I hon Ihne doch scho gsagt, Griechisch isch eine tote Schprache — genau wiea Latein. Dr Professer macht immer e Schpäßle und sagt — Latein isch a ideale Schproch für Leut mit ama Schprochfehler — weil, des wird nieana gschprocha.

Hefele: I hon aber koin Schprochfehler und wenne oin hett — däte it lateinisch lerna.

Abel: Griechisch hot eaba oin Nochtoil, Griechisch und Griechisch sind zwoi paar Schtiefel.

Hefele: Jo hoißt des — daß wenne Griechisch lern, daß e noch gar it Griechisch ka?

Abel: Jo, so ugfähr.

Hefele: Was hoißt ugfähr, des muaße etz genau wissa. Agnomma i lern bei Eich Griechisch ...

Abel: Dr Herr Professer dät sich fraia —

Hefele: Joo — und i fahr noch Griechaland und frog en Grieche auf Griechisch: Entschuldigen Sie bitte, wo isch der nächschte Zigarettenautomat? Dann dät der Grieche des Griechisch gar it verschtanda?

Abel: Richtig — en Grieche verschtoht meischtens it Griechisch.

Hefele: No schicket Se doch Ihren Professer noch Griechaland, do dät er sein Kurs schpielend voll krieaga.

Abel: Wenn Se Latein lerna dätet und Siea sind bloß a klois bißle sprachbegabt, verschtandet Se scho einiges Griechisch.

Hefele: No kane jo glei Griechisch lerna.

Abel: Dr Professer sagt immer: per aspera ad astra —

Hefele: Ja und was dät des hoißa?

Abel: Des woiß i au it — aber wenn Siea den Kurs beleget — wisset Ses schpäteschtens im Herbscht.

Hänsel und Gretel

5 Personen: Herr Patzke, Regisseur (Patzke)
Frau Bechtle, Mutter von Hänsel und Gretel (Bechtle)
Fräulein Säbelberger, Hexe (Säbelberger)
Herr Hasenlauch von der Telefonzentrale (Hasenlauch)
Ort: Im Hörfunkstudio
Spieldauer: ca. 18 Minuten

Patzke: So meine Herrschaften, ich glaube, wir können schon mal beginnen. Frau Maritta Morelli wird sicher jeden Moment eintrudeln. Oder wollen Sie sich vorher noch etwas einlesen?

Bechtle, Rasch, Säbelberger: Nein, nein, ach wo —

Patzke: O. k. Dann gehn wir gleich in medias res.

Rasch: Die Hauptpersonen fehlen ja noch — Hänsel und Gretel.

Patzke: Die sind erst heute mittag dran. Wir machen die Aufnahmen chronologisch. Zuerst Vater und Mutter in der Köhlerhütte.

Bechtle: Ja und die Hexe? Fräulein Säbelberger spielt doch da gar nicht mit.

Patzke: Ach Gott, Fräulein Säbelberger! Hab ich Ihnen versehentlich falsche Zeiten im Probenplan eingetragen? Sie sind ja auch erst um 14 Uhr mit von der Partie.

Säbelberger: S isch scho richtig — 14 Uhr. I war sowieso grad des Weges, no hone denkt, i guck amol rei — besser zfrüah wiea zschpät.

Patzke: Na gut — da können Sie sich schon etwas einstimmen. So, nehmen Sie bitte Platz! Wir machen mal eine Probe. Rolf, setz Dich bitte hierher. Frau Bechtle, da bitte! Sie beginnen: Mein lieber Mann, ich kann vor lauter Sorgen keine Nacht mehr schlafen. Bitte, Probe ab!

Bechtle: Mein lieber Mann, ich kann vor lauter Sorgen keine Nacht mehr schlafen.

Patzke: Die Stimme etwas zurücknehmen — etwas verzweifelter — und dann schluchzen — leise schluchzen. Rolf und Du gehst gleich mit Deinem Satz in das Schluchzen rein. So, bitte nochmal!

Bechtle: Mein lieber Mann —

(Es klopft)

Patzke: Herein.

Hasenlauch: Entschuldigung, wenne schnell schtöra muaß, d Frau Morelli hot agruafa, se ka it komma.

Patzke: Die hat ja Nerven — sicher wieder familiäre Auseinandersetzungen. Ist ihre Tochter wieder mal die ganze Nacht nicht heimgekommen?

Hasenlauch: Se hot nix gsagt.

Patzke: Dieses Frauenzimmer schmeißt mir noch die ganz Produktion. Die Platte muß in vier Wochen auf den Markt — auf Biegen und Brechen.

Rasch: Eine Unverschämtheit — nicht für fünf Pfennig Verantwortungsbewußtsein.

Patzke: Du sagst es.

Hasenlauch: S goht mi jo nix a — aber hot denn diea so eine tragende Rolle? Do treibet Se doch sicher jemand anderscht auf.

Patzke: Die singt doch die Passagen von Humperdinck: Hänsel und Gretel verirrten sich im Wald.

Bechtle: Ich wäre durchaus bereit, bei entsprechender Honorierung die Rolle mitzuübernehmen — ich könnte doch ...

Patzke: Sehr lieb von Ihnen, Frau Bechtle — aber ich muß die Stimmen differenzieren und überdies hat die Morelli eine abgeschlossene Gesangsausbildung.

Hasenlauch: Se behauptets wenigschtens.

Patzke: 500 Mark kostet mich das Studio am Tag — und jetzt diese Pleite. Sowas ist mir in meiner ganzen Karriere noch nicht vorgekommen. Nicht zu fassen.

Säbelberger: Do isch guter Rat teuer — gell.

Hasenlauch: No ka i jetzt wieder ganga?

Patzke: Jaaa — des heißt — neiiin.

Bechtle: Möchten Sie nicht doch noch auf mein Angebot zurückkommen?

Patzke: Ich hab da eine geniale Idee.

Hasenlauch: Hoi.

Patzke: Wir könnten uns mit einem Sprechgesang über die Runden retten, Herr Hasenlauch —

Hasenlauch: Jo —

Patzke: Sie haben doch vor ein paar Jahren bei unserer Betriebsfeier so eine tolle Nummer aufs Parkett gelegt — was war denn das noch?

Hasenlauch: Ach so, Siea moinet diea Parodie vom Hans Moser — diea isch sellmol sagenhaft akomma — sogar dr Chef hot glachet, des isch jo sonscht it sei Art.

Patzke: Sie müssen mir aus der Patsche helfen, das schaffen Sie spielend.

Hasenlauch: I ka alles no auswendig — solles Ihne amol ...

Patzke: Nein, nein, den Hans Moser kann ich hier ausnahmsweise mal nicht einbauen. Sprechgesang, Herr Hasenlauch — hier wäre Ihr Text.

Hasenlauch: Des goht doch sicher länger. I ka mei Telefonzentrale it oifach im Schtich loßa.

Patzke: Schalten Sie einfach solange auf Anrufbeantworter. Das nehme ich auf meine Kappe — Sie wären also generell bereit, mir aus der Patsche zu helfen?

Hasenlauch: I kas jo amol probiera.

Patzke: Prima — dann darf ich Ihnen die anderen Mitwirkenden vorstellen: das ist Frau Bechtle, sie gestaltet die Rolle der Mutter — und Fräulein Säbelberger verkörpert die Hexe —

Hasenlauch: Angenehm — also vom Ausseah hett i allerdings andersrum tippt — do hond Se nomol Glück ghet, Fräulein Säbelberger, daß es auf de Schallplatta niemed sieht.

Patzke: Immer zu einem Späßchen aufgelegt, — das ist also unser Herr Hasenlauch, von der Telefonzentrale —

Säbelberger: Hasenlauch — ja saget Se amol, sind Sie verwandt zum Oberinspektor Hasenlauch von dr Hauptposcht?

Hasenlauch: Weitläufig — ganz weitläufig — en Onkel oder so.

Säbelberger: So ein Zuafall, mit dem hone dr

Tanzkurs gmacht in dr Inflation — beim Walzer ist er mir immer auf de Füaß rumdabbet. Der war en ganz en Schtilla — net so vorlaut wiea Siea — fascht a bißle verdruckt, ihr Herr Onkel hot scho in jungen Jahren koine Bäum rausgrissa. Früher hommer uns ab und zu troffa — aber seit mir a Nebaschtell von dr Poscht hond, hole meine Brieafmarka oifacher do.

Patzke: Fräulein Säbelberger, wir müssen ...

Säbelberger: Saget Se trotzdem viele Grüaß — i glaub, er kann sich sicher no an mi erinnra.

Bechtle: Ich möchte ja Herrn Hasenlauch nicht zu nahetreten, aber ist er denn da als Laie nicht etwas überfordert?

Säbelberger: Probiera goht über Schtudiera, mir hond alle amol kloi agfanga.

Patzke: Es bleibt mir doch gar keine andre Wahl — ich muß weiterkommen. Da nehme ich doch lieber qualitative Einbußen in Kauf, vor ich mir ...

Hasenlauch: Ja, soll des hoißa, daß Siea von meine künschtlerische Qualitäta doch nicht so hundertprozentig überzeugt sind?

Rasch: Soll ichs mal rezitieren? Dann schafft ers sicher leichter.

Patzke: Also gut — bitte — können wir mal — Musik ab.

(Musik Humperdinck)

Rasch: Hänsel und Gretel verirrten sich im Wald — es war so finster und auch so bitter kalt.

Patzke: Prima — genau so — bitte Herr Hasenlauch. — Also Musik ab —

Hasenlauch: Hänsel und Gretel verirrten sich im Wald, es war so bitter — ah — finster und auch so bitter kalt. Sie kamen an ein Häuschen von Pfefferkuchen „fein".

Patzke: Stop — stop — fein bitte nicht betonen.

Hasenlauch: Des isch aber sehr wichtig —

Patzke: Daß Pfefferkuchen fein sind, weiß jedes Kind — also bitte keine Betonung.

Hasenlauch: Des wille aber it behaupta — i hon neulich beim Bächlesbeck Pfefferkuacha kauft — mir saget jo Lebkuacha drzua — unter aller Sau — diea Nussa — ranzig durch die Bank.

Rasch: Eine Unverschämtheit —

Patzke: Du sagst es — aber anno dazumal waren Pfefferkuchen fein — und dieses Märchen handelt eben von uralten Zeiten — da kann ich auch nichts dran ändern — also bitte nochmals — von Sie kamen — Musik ab.

Hasenlauch: Sie kamen an ein Häuschen von Pfefferkuchen fein — wer mag der „Herr" wohl in diesem Häuschen sein?

Patzke: Menschenskind — jetzt betonen Sie wieder Herr — wozu denn das?

Hasenlauch: Des isch doch wesentlich — weil es ist ja in Wirklichkeit im Märchen gar koin Herr — sondern eine Hexe.

Patzke: Freilich, aber Hänsel und Gretel sind doch völlig ahnungslos. Oder?

Hasenlauch: Eaba, wenns en Herr wär däte des Herr jo au it betona — aber dieser Herr entpuppt sich jo als Hexe und somit hat die Betonung, wiea solle sage — eine ...

Patzke: So kommen wir nicht weiter —

Bechtle: Er sollte diese Passage meines Erachtens getragener anlegen.

Hasenlauch: Ach du lieabe Zeit, jetz hone doch vergessa dr Aruafbeantworter zum eischalta.

Patzke: Das lohnt sich jetzt ohnehin nicht mehr —

Hasenlauch: Do krieage aber wieder amol ois auf dr Deckel.

Patzke: Ruhe, wir zeichnen jetzt auf — sind Sie bereit?

Hasenlauch: Ansich scho — aber i find oifach des Märchen isch zu altmodisch — ohne jede Problematik — mit sowas ka ma doch koin Hund meh hinterm Ofa vorlocka —

Patzke: Sie mögen ja Recht haben — aber ich bin nicht der Produzent. Der wird schon wissen, wo die Marktlücken sind.

Hasenlauch: Es müaßt so sein, nicht die Eltern locket die Kinder hinterrücks in den Wald sondern genau umkehrt, die Kinder die Eltern.

Patzke: Ach du meine Güte, haben Sie auch gleich die entsprechende Begründung parat.

Hasenlauch: Paß auf — in den Augen der Kinder sind ihnen die Eltern ein Dorn im Auge —

Rasch: Ohne mich — so gehts nicht — nein — nein — nein —

Säbelberger: Des wär doch amol was anders. Mir hat des Märchen scho als Kind net so recht gfalla.

Hasenlauch: Also — Hänsel und Gretel wollen eine Kommune aufzieah — um nicht zu sagen eine Wohngemeinschaft —

Patzke: Wäre durchaus denkbar — nur vom Alter her problematisch — kaum realisierbar.

Hasenlauch: Hänsel und Gretel könntet doch älter sei — und dätet oifach Hans und Grete hoißa —

Patzke: Das wäre wohl das kleinste Problem.

Hasenlauch: No besser wär natürlich, wenn ma au bei de Nama koine Kompromiß macha dät — schtatt Hänsel und Gretel vielleicht Mike und Micky — also meh international.

Rasch: Ich protestiere — also so gehts wirklich nicht.

Hasenlauch: Etz wartet Se doch — also — Wohngemeinschaft auf grüner Basis. Weil diese elterliche Köhlerhütte in naturbelassener Umgebung den idealen Nährboden für ein alternatives Leben hergibt, reschpektive abwirft.

Säbelberger: Ma liest doch heut so viel über diese gesunde Lebensweise.

Hasenlauch: Paß auf — dieses Generationszerwürfnis in der Köhlerhütte kommt nicht vom Geldmangel — die Kinder krieaget jo boide Bafög — die Familie ist finanziell aus dem Schneider.

Patzke: Sondern?

Hasenlauch: Der Vater isch ein ganz schturer Bock und möcht nix wissa von diesem ungeschpritzten Gemüseanbau — er haut immer Kunstdünger an dr Sellerie na, daß es bloß so schtaubet — schtreut Schneckentot und allen Tod und Teufel und des gibt schtändig Schtunk.

Säbelberger: Was gibts bei dene?

Hasenlauch: Schtunk und die Mutter motzt, weil die Kinder die Nahrungsaufnahme größtenteils verweigern.

Patzke: Gefällt mir gar nicht schlecht, aber die starke Szene mit der Hexe wäre dann ja völlig überflüssig.

Hasenlauch: Noi, noi, die Hexe wäre nach wie vor die Zentrifugal — die Zentralfigur, i moin, es muaß nicht unbedingt a Hex sei, diea könnt ma auf Kräuterliesel trimma oder Wahrsagerin oder so. Obwohl Kräuterliesel dät mir besser gfalla. Also absolut biologisch-dynamisch erzoga — vielleicht Vollvegetarierin, aber mindeschtens 58 %, auf alle Fäll gesundheitlich aufm neuaschta Schtand. Ernährungstechnisch absolut up to date.

Patzke: Na gut — und bei Ihrer Story locken also die Kinder die Eltern in den Wald — wenn ich Sie recht verstanden habe — auch nicht gerade realistisch.

Hasenlauch: Es muaß alles aktueller sei — it so verschtaubet — immer mit Blick auf den Käufer der Schallplatte. Daß diea Kinder in früheschter Jugend glei richtig in d Schuah neikommet, in den gesellschaftskritischen Schuh der heutigen Zeit — wenne so saga derf.

Patzke: Das sind natürlich völlig neue Aspekte.

Hasenlauch: Des Hexahaus wär jo auch nicht aus Pfefferkuacha — also Lebkuacha, wiea mir saget — sondern aus Gesundheitskräuter, natürlich getrocknet, am beschta luftgetrocknet.

Rasch: Mir reichts jetzt so langsam — altes überliefertes Volksgut derart barbarisch zu mißbrauchen. — Ohne mich!

Hasenlauch: Moment, moment — i hons — Vater und Mutter verirrten sich im Wald, es war so finster und auch so bitter kalt. Sie kamen an ein Häuschen, aus lauter Kräuter fein, hier muß ein Körnerfresser, muß hier zu Hause sein.

Rasch: Es kommt immer noch besser.

Hasenlauch: Und natürlich nicht diese langweilige Musik von diesem Humperdinck, sonder volle Pulle — Rock und Pop und so.

Patzke: Ja und sperrt denn dann die Hexe den Vater in den Käfig, weil sie ihn abschlachten und fressen will?

Hasenlauch: Ganz klar — aber der Vater

schteckt koi Schteckale durchs Hennagatter, sondern einen seiner Originalfinger.

Rasch: Die Morelli hat uns ja was schönes eingebrockt.

Hasenlauch: Und do isch die Hexe natürlich ziemlich down, also aus dem Häuschen — und tobt und schreit — hau ab — du bist mir viel zu fett — ich versauhe mir mit Ihnen doch nicht den Magen — und schenkt ihm die wiedergewonnene Freiheit.

Patzke: Die Idee ist wirklich nicht von schlechten Eltern, daß die Kinder die Eltern in den Wald locken. Aber Hänsel und Gretel streuen doch Brotkrumen — wie sollen denn die Eltern wieder nach Hause finden?

Hasenlauch: Kein Problem — dr Vater hot Schneckentod gschtreut am Herweg — und hoimwärts derfet se jo bloß de hine Schnecka nochlaufa — und fertig ist die Laube.

Und wenn ma den Firmanama a paarmol eischtreut kriagt ma ohne weiteres a Werbeunterschtützung, warum soll ma denn die Induschtrie nicht zur Kasse bitta — des muaß natürlich unterschwellig gmacht werra — zum Beischpiel: Hast du Schneckentod im Sack, verreckt — ah — geht es kaputt, das Lumpenpack.

Patzke: Das müßte der Produzent entscheiden.

Hasenlauch: Also wiea gsagt, die Erziehungsberechtigten finden einwandfrei heim — und vor allem die Bestätigung, daß Gift im menschlichen Leben unentbehrlich ist — also große Dienste erweist.

Patzke: Ich weiß nicht — ich weiß nicht.

Hasenlauch: Siea, des wär ein Happyend mit allen Schikanen.

(Musik Humperdinck)

Im Reisebüro

4 Personen: Sekretärin im Reisebüro (Sekretärin)
Herr Bendel, Besucher (Bendel) · Herr Enderle, Besucher (Enderle)
Frau Frick, Besucherin, (Frick)
Ort: Im Reisebüro
Spieldauer: ca. 18 Minuten

(Schreibmaschinengeklapper)

Sekretärin: Guten Morgen.

Bendel: Grüaß Gott.

Sekretärin: Was kann ich für Sie tun?

Bendel: Einiges, i will mei Geld wieder.

Sekretärin: Wie meinen Sie?

Bendel: Mei Geld will i zrück, vom Urlaub — zuzüglich Schmerzensgeld.

Sekretärin: Ich verstehe Sie nicht.

Bendel: Schtellet Se sich doch it so blöd a — den Urlaub, wo mir bei Ihne buacht hond, des war eine einzige Kataschtrophe von A bis Z, einmal und nie wieder.

Sekretärin: Ja, wo waren Sie denn überhaupt?

Bendel: In ah — Portugal.

Sekretärin: Sonderbar, da hatten wir noch nie eine Beanstandung. Und unsere Firma besteht nun schon seit sieben Jahren.

Bendel: Des ka scho sei — aber i hon oine, und zwar eine saftige. Vonwegen Luxusappartement — eine jämmerliche Bruchbude, die ganz Nacht hot dr Wasserhahna tropflet und wenn ma denn ois braucht hot, isch kois meh komma. Und vonwegen Meerblick — vom Klofenschterle aus hot mas ahna könna. Wiea gsagt ahna — gseah hot mas au it.

Sekretärin: Das tut mir aber leid.

Bendel: Des nützt mi nix.
Der Folkloreobed zur Begrüaßung war eine Riesenpleite. Zwoi koschtümierte Hansala sind do rumgjuckt — des war alles.

Sekretärin: Der Chef ist leider nicht da, könnten Sie vielleicht …

Bendel: Wo mir akomma sind hot mei Frau zersch Schtaub wischa müaßa. Des ka se drhoim — do brauchet mir it in Urlaub — i will mei Geld zrück.

Sekretärin: Ich gebe Ihnen ein Formular mit, dann können Sie Ihre Reklamationen schriftlich einreichen.

(Herr Enderle kommt)

Enderle: Grüaß Gott.

Sekretärin: Guten Morgen — Moment bitte.

Bendel: Ja soweit kommts no, Siea glaubet doch it im Ernscht, daß i nomol en halba Tag verplempra und mi grün und blau ärgra über diea Zuaschtänd, und auf dem Freßzettel hett gar it alles Platz, do machet mir kurza Prozeß, i gib den Fall meim Rechtschutz — no könnet Se aber blecha, mein lieabes Fräulein. Daß des klar isch.

Sekretärin: Ja könnten Sie nicht ...

Bendel: Noi i ka it und i will au it. I loß mi it übers Ohr barbiera, ich nicht, do müaßet Se sich en andra Dumma suacha.

Enderle: Ja saget Se amol — hond Se Pech ghet im Urlaub?

Bendel: Pech isch gar koin Ausdruck.

Enderle: Ja mitm Wetter?

Bendel: Mit allem — mitm Wetter no am allerwenigschta.

Enderle: Wo waret Se denn?

Bendel: In Portugal.

Enderle: Des ka Ihne in Italien it passiera. Mi findet Se des Johr wieder dunda — Cattolica — Hotel Miramare.

Bendel: Jo, jo, des isch a beliebts Reiseland.

Enderle: Und vor allem preiswert, äußerscht preiswert, zur Zeit schtoht jo dr italienische Dollar — diea saget jo Lire drzua — erschtklassig im Kurs — für uns — für diea weniger. I gang scho seit zeah Johr nab, do bine scho wiea drhoim, do triff i meh Bekannte wiea hier, jeden Obed gohts do rund, oft bis nachts um zwoi, Campari und so, immer feschte gib ihm. Sagenhaft.

Bendel: Mir wärs zlaut, i will mi im Urlaub erhola. Ausgiebig — i hons nötig.

Enderle: Laut isches scho in Italien — aber eaba agnehm laut — und was mir bsonders aufgfalla isch, diea schtreitet friedlicher wiea mir Deutsche. Oft moinsch jo grad s gäb Mord und Totschlag, aber des vermeidet diea ganz bewußt, weil des wär mit einer körperlichen Anschtrengung verbunda.

Bendel: Fräulein — wenn kommt denn Ihr Chef wieder?

Sekretärin: Das kann spät werden. Soll ich Ihnen einen Prospekt von dr Adria mitgeben?

Bendel: I will mei Geld und koin Proschpekt. I ka den Trubel it braucha, dr Teutonagrill isch nix für mi.

Enderle: Des isch reine Gwohnheitssache. Am Schtrand gohts zwar scho a bißle eng zua — do hots Leut wiea Sand am Meer.

Bendel: Do dätet ses jo fascht beiga, wiea d Häring.

Enderle: S goht a bißle eng zua — des schtimmt — i moin, a Tageszeitung ka ma im Liegeschtual natürlich it grottabroit aufschlaga — aber kloine Sacha, also Brieaf, oder no besser Poschtkarta, ka ma ohne weiteres leasa.

Bendel: Jo, jo, aber im Urlaub krieagt ma jo it so viel Poscht.

Enderle: Ma muaß sich natürlich a bißle ducka, daß diea ihre Bocciakugla drüberschmeißa könnet. Aber diea schpielet jo sagenhaft. I hon bis heut no koine an Grind krieagt. Nicht eine. Drum loßet se au koine Deutsche mitschpiela — oder Ausländer, des Risiko wär zgfährlich und versicherungsmäßig sind se do dunda halt no a bißle rückschtändig. Desch dr oinzig Nochtoil. Aber i moin halt, wo viel Licht ist, ist auch Schatten. Also!

Bendel: I könnt au des Essa do dunda gar it vertraga, diea ziehet doch alles durchs Olivaöl.

Enderle: Wisset Se, ein Mensch, wo it 14 Tag auf Bluat- und Leaberwurscht und Schwartamaga verzichta ka, der isch do ein Fremdkörper. Aber mir schmeckts, i hon wieder sechs Kilo zuagnomma, desch doch dr beschte Beweis. Oder?

Bendel: No isch jo recht, wenns Ihne aufm Schtiefel dunda gfallt.

Enderle: Wisset Se, ein Freizeitangebot, do schlackrescht mit de Ohra. Direkt gegenüber von unserm Hotel, ein Schpielsalon, also hundert Schpielautomata roichet it. Oiner am andra. Links hinda im Eck schtoht dr Maschinagwehrautomat, ratatatatata. Do knalle immer sektionsweis Flugzeug ab und Panzer, natürlich auch Einzelpersona, je nach Luscht und Laune. Des isch a echte Entschpannung, gell. Und was will ma im Urlaub meh?

Bendel: Jo, jo, andere Länder, andere Sitten. Aber i muaß jetzt ganga. Und Fräulein saget Se Ihrem Chef, i dät wieder komma, er könnt sich auf ebbes gfaßt macha — ade.

Sekretärin: Wiedersehen.

Enderle: Ade — Wiedersehen — Grüß Gott.

Sekretärin: Es gibt doch Leute, die an allem etwas auszusetzen haben.

Enderle: Siea — desch gwieß wohr, der loßt sich jo au nix saga, der oigasinnig Prügel. Dem däts in Italien au gfalla, des gibt der bloß it zua.

Sekretärin: Sehen Sie, unsere Reklamtionsquote ist im letzten Jahr auf ganze zwei Prozent zurückgegangen. Sie waren doch auch immer zufrieden mit uns?

Enderle: Freilich, i mach jo auch koine Experimente, i sag mir, was dr Bauer it kennt, frißt er it.

Sekretärin: Waren Sie denn auch schon in Venedig?

Enderle: Freilich, Venedig isch jo nicht von schlechten Eltern. Rialtobritsch und so — aber diea nehmets von de Leabige — a Halbe vom Faß 3,80 — umgrechnet — gell — einmal und nie wieder. Alles ziemlich vergammelt. Die Erhaltungswürdigkeit von Sehenswürdigkeiten isch für den Italiener ein schpanisches Dorf. I hon jo oiner gfrogt: Warum du nix Haus reparieren? No hot er gsagt, se derfet selber gar nix dra macha, koin Pinselschtrich, des schtoht alles unter Naturschutz. Do hot dr Schtaat dr Dauma drauf, aber der hot koine Schpendierhosa a. Der wartet, bis ihm die Weltöffentlichkeit unter die Ärmel greift. Siea, des ka ma nimme mitagucka — und genau auf des schpekulieret diea, des wisset diea

	ganz genau, daß die Weltöffentlichkeit a schlechts Gwissa hett, wenn alles dr Bach nabganga dät, d Laguna sozusaga. Und s fehlt afanga nimme arg viel.
Sekretärin:	Ewig schad um diese herrliche Stadt.
Enderle:	Gondel bin i au gfahra. Aber diea faule Sieacha gutschieret natürlich am lieabschta in dene kloine schtinkige Gässala umanander, wos koine Wella hot, weil, auf offener See brauchet se zviel Kraft.
Sekretärin:	Das war doch sicher ein einmaliges Erlebnis? Ein langgehegter Wunsch von mir.
Enderle:	Jo, aber glaubet Se bloß it, daß so ein Gondoliee singa dät. Oh mia bella Napoli oder so. Der schtoht hinda doba auf seim Poschtamentle und schtochret in dera Dreckbrüha rum, wiea wenn er it auf drei zähla könnt und hot Maulaffa foil.
Sekretärin:	Die haben eben eine andre Mentalität.
Enderle:	So ka ma au saga. 60 Mark hot er wella für a halbe Schtund — 32 Mark honem geaba — damit baschta. Siea, der hot mi alles ghoißa, aber scho au gar alles, natürlich in der Landessprache. S isch bloß guat, daß i nix verschtanda hon. Aber glaubet Ses, diea muaß ma rabhandla, des erwartet diea, diea werret tötlich beleidigt. Des isch dene ihr täglichs Brot. Sozusagen ein unbeschriebenes Landesgesetz. Siea müaßet sich des so vorschtella: die City von Venedig isch eine einzige große Fußgängerzone — bloß eaba s meischte aus Wasser.
Sekretärin:	I kenns leider nur von unseren Prospekten.
Enderle:	Abfallbeseitigung, Hochzeita, Leicha — alles mit de Bootla, do derfs fei ist pressiera.
	(Frau Frick kommt)
Frick:	Grüaß Gott.
Sekretärin:	Guten Tag.
Enderle:	Grüaß Gott, dond Se no diea Frau bediena, i hon Zeit.
Sekretärin:	Was hätten Sie denn gern?

Frick: Mir suachet a Ferienhäusle an dr Nordsee oder an dr Oschtsee für 14 Tag, mein Dokter hot gsagt, en Klimawechsel dät nix schada, a richtigs Reizklima wärs bescht.

Sekretärin: Moment, ja, da kann ich Ihnen Dornumersiel an der Ostfriesischen Küste empfehlen. Wann solls denn sein?

Frick: Ende September.

Sekretärin: Ja prima, da wär noch was zu haben.

Enderle: Möget Siea in a so a rauhe Gegend in Urlaub — mir wärs zkebalig do doba.

Frick: Wo ganget Siea im Urlaub na?

Enderle: Nooch Italien — nur Italien. Kann i Ihne wärmschtens empfehla, vor allem sehr preiswert. Mei Frau hot a wunderbare Handtasch kauft — echt Kroko Handarbeit — 12 000 Lire netto; desch doch halba gschenkt. I bin jo zwar ein eiserner Verfechter der bedrohten Tierwelt, aber bei dem Preis, do wär ma jo schee blöd.

Frick: Des hon i au scho ghört, daß ma do günschtig eikauft.

Sekretärin: Besonders Lederwaren.

Enderle: Und do hond d Läda nachts bis nooch de zwölfe no auf, do gibts koi Ladaschließgsetz, oder Öffnungszeita, do ka jeder auf- und zuamacha wiea ems grad paßt. Do haut des Schprichwort hundertprozentig na: dem Fleißigen schlägt keine Schtunde — gell.

Frick: Siea, des hoißt aber, dem Glücklichen schlägt keine Schtunde.

Enderle: Des ka scho sei, aber Siea wisset jo was i moin. Aber wenne Ihne oin Rot geaba derf: niea eikaufa vor zwölfe nachts. Niea.

Frick: Ja, wenn mir aber scho früher ins Bett ganget?

Enderle: Wieder aufschtanda — des lohnt sich. Gucket Se meine Schüahla. — Schee gell? — Diea hone kurz vor halb ois nachts kauft. Des hot sich rentiert.

Frick: Do komm i it mit.

Enderle: Ab elfe obends sind diea so hundsmüad und loinet in ihre Lädala rum; do wend diea nimme viel wissa — nimme handla, do ganget se mitm Preis freiwillig rab. Erscht wenn se d Augadeckel rabhänget wiea d Kaulquappa isch die ideale Einkaufszeit.

Frick: Des hone au noit gwißt.

Enderle: Ma lernet niea aus. Drum sag is Ihne jo, wisset Se, i bin n Italienkenner aus dem ff.

Frick: Prima.

Enderle: Wiea ausm Bilderbuach.

Frick: Mir wär diea Gegend z usicher, s hoißt doch allaweil, diea schteahlet wia d Ratta.

Enderle: Des isch verschtunka und verloga. Uns isch no niea was wegkomma. No gar no niea. Koi Geld, koin Schmuck. Noit amol a Auto. I hon jo exschtra amol dr Waga von meim Schwoger mit nab gnomma, weil er ihn hier it losbrocht hot. Den hone aber sauber und glatt wieder mit hoim nehma könna.

Frick: Des isch jo erfreulich.

Enderle: Wiea mas nimmt. Wo mir vor zeah Johr zum erschtamol in unser Hotel komma sind, hon i no vorsichtshalber s Geld verschteckt. 28 000 Lire in bar. Vorsicht ist die Mutter der Porzellankischte. Aber des hett i it dua solla.

Frick: Ja wieso?

Enderle: Denket Se, mir honds nimme gfunda. — Des war ganz schlimm, mir hond uns nix meh kaufa könna, koi Eis, koin Cappucino mir waret ganz schee aufgschmissa, mein Lieaber. Arm wie eine Kirchenmaus. Von ra evangelischa Kirch, wohlgemerkt.

Frick: Des hot aber doch mit dr Ehrlichkeit von de Italiener nix zum dua, wenn mas Geld so guat verschteckt, daß mas selber it amol meh findet. Ja, hond Ses überhaupt nimme gfunda?

Enderle: Doch, doch — aber erscht drhoim, wo mei Frau d Urlaubswäsch gwäscha hot, aus meine grüne Socka isches rauskomma, aber allerdings erscht nooch dr Wäsch. 28 000 Lire auf Heller und Pfennig.

Sekretärin: Ja, ja, sowas kann passieren.

Enderle: Do isch es ganga wiea an Oschtra, wo mir für unser Enkale en

Schokladhas verschteckt hond, und s Herbertle hot gsuacht und gsuacht. Und wo er denn Rotz und Wasser pläret hot, hot er uns so dauret, no hone gsait: Komm Mama, zoig ihm s Plätzle, wos Oschterhäsle s Schokladhäsle verschteckt hot, — daß der Gof a Ruah gibt.

Frick: No war er sicher glücklich, dr Kloine?

Enderle: Pfeifadeckel, mir hond s ganze Haus auf dr Kopf gschtellt. Jo moinet Se, mir hettet des Verschteck wieder gfunda? S Gedächtnis loßt eaba nooch, do liegt dr Has im Pfeffer. Am 16. Juli, wos doch so saumäßig hoiß war, isch plötzlich a braune Soß aus dr Uhr rausgloffa, no isch es uns auf Anhieb wieder eigfalla, wo mir an Oschtra des Häsle verschteckt hond. Etz hone doch no irgend ebbes Wichtigs verzehla wella — ha jo, eines Tages läutets bei uns drhoim, i denk, wer ka denn des sei um diea Zeit — dr Marinio — dr Chef von unserem Hotel in Cattolica. Mensch — sage — Marinio, wiea kommsch denn du do her?

Frick: Ja, was hot er wella?

Enderle: Des hon i mi au gfroget — aber in Italien hot überlicherweise amol wieder Poscht gschtreikt und Bahn, no hot er uns de neu Preislischte it schicka könna.

Frick: Ja sowas, schtreiket se do dunda au?

Enderle: Freilich, des isch do an der Tagesordnung, vor allem wild. Saumäßig wild. Aber clever wiea er isch, dr Marinio — hocket in sein Alfa nei und bringt uns de neu Preislischte oigahändig. Isch des en Service.

Frick: So sind se noch au wieder. Ja dät des bei uns oiner? Siea Fräulein, gebet Sie mir doch amol ein Proschpekt mit von dem Nordseebad, wo Siea vorher gsagt hond. No kann is no mit meim Willi beschprecha.

Sekretärin: Liegt schon hier — Bitteschön. —

Frick: I komm denn morga wieder vorbei.

Sekretärin: Nein, morgen ist Feiertag — vielleicht übermorgen.

Frick: Jo, übermorgen oder am Donnerstag, vielen Dank auf Wiedersehen.

Sekretärin: Auf Wiedersehen.

Enderle: Ade — Wiedersehen — Grüß Gott.

Sekretärin: Jetzt habe ich Sie noch gar nicht nach Ihren Wünschen gefragt.

Enderle: Jo, dr Marinio, dr Chef von unserem Hotel loßt afroga, ob er it mit Ihne ins Gschäft komma könnt. Proschpekt vom Hotel hot er mir glei mitgeaba, a ganze Beig, zu de übliche Konditiona.

Sekretärin: Darüber läßt sich sicher reden. Wir müßten das Hotel natürlich vorher persönlich begutachten, das Risiko ist sonst zu groß.

Enderle: Wisset Se was, mir könntet doch mitnander Urlaub macha beim Marinio. Siea sind mir nemlich, wiea solle saga — also — nicht unsympathisch!

Sekretärin: Ja, was würde denn da Ihre Frau dazu sagen?

Enderle: Diea — ja des woiß i au it, und froga mage eigentlich au it, aber diea will jo scho lang zur Kur noch Bad Wörishofa.

Am Aschermittoch

*6 Personen: Straßenkehrer (Kehrer) · Vertreter
Passantin (Passant 1) · Passantin (Passant 2) · Wachtmeister (Polizist)
Herr Seidlitz, Buchhalter der Firma Knapp (Seidlitz)
Ort: Auf der Straße
Spieldauer: ca. 26 Minuten*

(Straßenkehrer kehrt Abfälle vom Fasnachtszug zusammen; singt mißmutig)

Kehrer: Schnaps, das war sein letztes Wort, dann trugen ihn die Englein fort ...

(Selbstgespräch)

Also dr Mensch isch doch a Sau. I woiß au it, was do dra so luschtig sei soll, wenn se zentnerweis Konfetti auf d Leut rabschmeißet und auf de Feschtwäga doba schtandet und sich hoißer schreiet. Narri — Narro oder sonscht so en Blödsinn. I bin do koin Fraind drvo, auf dr Schtroß rumjucka wiea meschugge. — Aber was willsch macha, des Menschen Wille ist sein Himmelreich. — Au an dr Fasnet. Drei Schtund lang sei dr Umzug ganga — immer nach dem Motto: je meh Zünft, je zünftiger. Fascht hundert Verei seiet mitgloffa. Em Sauschtall nooch wars a ganzes Batallion. I hon oifach nix übrig drfür, no niea ghet, so alte bin. Und diea blödsinnig Singerei von de Leut: „Am Aschermittwoch ist alles vorbei." En Dreck en alta, do gohts für mi erscht los. D Arbet natürlich, it s Vergnüaga. Aber do loßt sich koiner blicka von dene Herra Obernarra — do flacket ma no im Nescht und muaß sich erhola von de Schtrapaza der Fröhlichkeit und sein Rausch ausschlofa — gell. Prost!

(Er trinkt aus der Bierflasche)

Bloß i muaß schaffa wiea en Brunnaputzer — i bin scho ein Arsch wo me d Haut aregt. Mei Weib sait immer: Bisch ganz selber schuld. Vielleicht hot se ausnahmsweis amol recht. It daß i

it gern schaffa dät — im Gegatoil — aber auf oimol glei so en Haufa — des isch en echta Schtreß — und in meim Alter isch ma oifach nimme so belaschtbar. I selber merk jo do nix drvo, aber dr Dokter hots scho a paarmol gsait — no wirds scho schtimma. Oder? Des isch etz scho dr vierte Karra wone wegfahr — und des bei meim chromatischa Rheuma. Jedes Johr am Aschermittwoch triffts mi voll. Aber bloß mi! I hon eaba grad diea Schtroßa, wo dr Zug durchkommt. Mein Kollege Steidele isch do fein heraus. Der hot koin gotziga Meter, wo dr Zug lauft. Nicht einen! Nix!
Bei dem goht zwar im Früahjohr immer Prozession durch, aber desch koin Vergleich. A paar Blüatla und a paar Blättla — no isch dr Katz gschtrait. Au it meh wiea ama ganz normala Tag. Schtoht jo scho in dr Bibel: Der eine trage des andern Lascht. Des schtimmt no hoorgenau. Gott sei Dank isch d Fasnet bloß oimol im Johr, sonscht hette dr Bertel scho lang nagschmissa. Aber sauber und glatt! Mei Weib isch do genau s Gegatoil von mir. Diea verhebsch an dr Fasnet nimme. Do isch diea wiea en umdrehta Hendscha.

Drfür isch se sonscht s ganz Johr grätig. Des isch dr Ausgleich der Natur. Bei de Oberbacher Hexa rennt se mit. Wenns koin so en alta Witz wär, däte grad saga — des ischs Bescht für se, do braucht se sich it koschtimiera.
So, etz isch der Karra au scho wieder voll.
I hon jo scho a paarmol vorgschlaga, daß se Konfetti bloß no auf oinra Seita nauswerfa derfet. Do hette scho wesentlich weniger Arbet. Aber des sei nicht im Sinne der Brauchtumspflege, wenn de oi Seita fascht versauft in de Konfetti und de ander Seita schtoht blöd rum. Des verschtoßt nemlich irgendwo gegas Grundgesetz. Boide Seita hond s gleiche Recht auf Fraide und Frohsinn. Gell. Weil, vor dem Grundgesetz sind alle Menschen gleich. — S isch jo bloß no a Glück, daß diea Musikanta am Umzug alle Händ voll zum dua hend und it au no Schpaghetti — ah Konfetti schmeißa könnet — i wär jo an Oschtra noit fertig. Aber diea Konfettikanon isch jo scho a Granatasauerei. Kriminell. Ein Schuß — 14 Kilo Konfetti. Und diea böllret am laufenda Band. Wumm — wumm — wumm.
Ohne Rücksicht auf Verluschte.

D Franzosa hond se jo anna fünfavierzge verbota. Auf Lebenszeit. Alles was schnellt. Bundeswehr — gar alles. Aber heut derfet mir Deutsche jo wieder so ziemlich alles. Mir sind wieder wer auf dr Welt. Aber diea Konfettikanon ghört trotzdem verbota — ein für allemol. Do hört dr Schpaß an dr Fraid auf. Bei mir wenigschtens. Jo, bei mir eigentlich scho viel früher. I bin an dr Fasnet meh drhoim wieas ganz Johr. S gibt mr oifach nix.
Do isch mir mei Hobby scho lieaber. I sammla seit vierafuchzge Bierdeckel. In- und Ausland. Desch halt a saubre Sach. Des ka ma au, wemma von Haus aus it so arg luschtig isch. Oder? 1 800 Schtück hone scho beianand. Ohne de doppelte — wohlgemerkt. Aber was solls! Jedem Tierchen sein Pläsierchen.

(Vertreter kommt)

Vertreter: Pardon, Meister, ich suche die Firma Schleicher & Knapp.

Kehrer: Des ka scho sei, aber deshalb brauchet Se no lang noit in mein Haufa neidabba. Moinet Siea, i fang nomol von vorna a? Hond Siea koine Auga im Kopf? Tramplet in meiner Arbet rum wiea en Elefant im Porzellanlada.

Vertreter: Aber, das ist ja nicht der Rede wert, die paar Konfettis. Da sollten Sie mal bei uns im Rheinland sein, da liegen die Dinger kniehoch, da ist das hier ein Klacks.

Kehrer: Mir langets. S isch nemlich en Unterschied, ob mas werfa derf oder zammakehra muaß.

Vertreter: Die Schwaben sind wohl so sparsam, daß sie die Konfettis nur einzeln werfen.

Kehrer: No viel schparsamer, mir schneidets vorher in vier Toil, vor mirs schmeißet.

Vertreter: Haha — aber Sie müssen doch zugeben, ziemlich sparsam. Ein Stück pro Tag und Nase.

Kehrer: De gwöhnliche Leut vielleicht — aber de obere 10 000 werfet scho meh.

Vertreter: Ja, lieber Mann, sortieren Sie denn den Abfall, vor Sie ihn wegfahren?

Kehrer: Noi, noi, i bring bloß meim Weib für nächscht Johr a paar Güggala mit hoim. Diea legt se aufs

Kuachablech und schieabts a halbe Schtund ins Röhrle, no sind se wieder wiea neu.

Vertreter: Ach so machen Sie das?

Kehrer: Joo, des sieht dene an dr nächschta Fasnet koi Mensch a, daß des gebrauchte sind — aus zwoiter Hand sozusagen. S nächscht Johr isch ma froh dra. Meh ka ma gar it verschpara. Und d Wälder weret au gschont.

Vertreter: Nun lieber Mann, würden Sie mir jetzt freundlicherweise weiterhelfen? Ich suche immer noch die Firma Schleicher & Knapp.

Kehrer: Jo, des hond Se scho amol gsagt — und wo soll diea sei?

Vertreter: Ja, wenn ich das wüßte, würde ich ja nicht Sie fragen.

Kehrer: Des isch au wieder wohr. Wiea soll diea Fabrik hoißa?

Vertreter: Schleicher & Knapp.

Kehrer: Schleicher & Knapp. Schleicher & Knapp — und was machet diea?

Vertreter: Ventilschläuche für Fahrräder.

Kehrer: Ach so — Ventilschläuchla — jo freilich, des isch die Firma Schleicher & Knapp.

Vertreter: Jetzt ist ja der Groschen gefallen.

Kehrer: So isches — diea sind glei do hoba — desch gar it weit — do kennet Se Ihren Karra schtanda lassa. Also, passet Se auf — do laufet Se am beschta glei do hanna nauf.

Vertreter: Hier rauf?

Kehrer: Jo, do nauf und denn glei det danna nieber und do danna num.

Vertreter: Dann dort hinüber und wieder herüber.

Kehrer: Richtig, det danna nieber und do danna num. Aber jo it do hanna nieber und det dieba num — des wär grottafalsch — do kemet Se nemlich wieder do hanna rum, schtatt det dieba nieber, gell.

Vertreter: Also nicht dort hinüber und hier herüber?

Kehrer: Siea könnet au abkürza und Se laufet glei do num und denn det danna nab. Also it zersch do nauf und nieber und num sondern glei nab und wieder det danna rum.

Zwei Passantinnen kommen, bleiben stehen und hören kurz dem Gespräch zu.

Vertreter: Sehr kompliziert.

Passant 1: Des isch überhaupt it kompliziert, aber so wieas der Ma erklärt, däte au it nafinda —

Kehrer: Siea, i bin alt gnuag zum dem Ma dr Weag zoiga.

Passant 2: Alt gnuag vielleicht scho, aber it gscheit gnuag.

Passant 1: Was suachet Se denn — mir könnet Ihne sicher helfa — gell Rosa.

Passant 2: Ganz beschtimmt — Martha.

Vertreter: Ich suche die Firma Schleicher & Knapp.

Passant 1: Siea könnet ruhig weiterschaffa, do hanna ischs no lang noit sauber. Gell Rosa.

Passant 2: Des schtimmt, Martha — also wenn mir so schlampig Kehrwoch macha dätet, hett ma uns scho lang kündigt.

Vertreter: I mach aber koi Kehrwoch, sondern gang meiner täglichen Arbeit noch.

Passant 1: Umso trauriger, wenn ma seine Berufspflichta bloß so oberflächlich nochkommt.

Vertreter: Ich suche die Firma Schleicher & Knapp.

Passant 2: Also, a Arbeitsmoral isch doch des heutzutag, des hetts zu meiner Zeit net geaba — gell Martha.

Passant 1: Noi Rosa, beschtimmt net. Des isch eaba a Erziehungssache. Aber s waret eaba net alle Leut im Pensionat wiea mir. Leider, gell Rosa.

Passant 2: Do müaßet Se scho naß aufwischa, sonscht wird des net sauber, gell Martha.

Passant 1: Do hosch recht Rosa — so wird des nix.

Kehrer: I loß mir doch it von a paar Putzteufel ins Handwerk pfuscha — soweit kommts no.

Vertreter: Ich suche die Firma Schleicher & Knapp.

Passant 1: Hosch ghört Rosa, Putzteufel hot er gsagt.

Passant 2: I hons ghört Rosa. Guat sogar. S isch bloß guat, daß mein Mann nimme lebt, der hett Ihne was verzehlt. Der hett Ihne links und rechts ...

Vertreter: Würden Sie mir jetzt freundlicherweise die Firma ...

Kehrer: Euern gepflegta Haushalt ka i mir lebhaft vorschtella — i hon selber a Tante, wo putzwüatig isch — bei Euch zwoi wirds genauso sei, dr ganz Tag mit em Kehrwisch umananderscherra, und jedem wo kommt mit em Kehrscheifale hindadreilaufa — und am Gartatörle auf dr Brieafträger bässala, bloß, daß er koi Schtaible reischloift.

Passant 1: Ordnung im Haus ist das Spiegelbild der Seele. Gell Rosa.

Kehrer: Ihr weret sicher s ganz Johr in dr Küche hocka, bloß daß Paradekissa aufm Kanapee in dr Schtuba gschont weret.

Vertreter: Aber nun sagen Sie mir doch um Himmels willen ...

Kehrer: Sicher loßet Ihr au s ganz Johr d Läda zua, daß koi Sonnaschtrählale reikommt. D Vorhäng könntet jo schieaßa.

Passant 2: Unverschämter Kerle, bei uns ists auf alle Fälle so sauber, daß man vom Boden essen kann.

Kehrer: No esset doch vom Boda — no könnet Ihr schos Abtrockna vom Gschirr schpara.

(Wachtmeister kommt)

Vertreter: Sie, Herr Wachtmeister, stimmt das, gehts hier rauf und dort rüber zur Firma Schleicher & Knapp?

Kehrer: Noi, i hon gsagt — do hanna nauf und det danna nieber — it do hanna rauf und det num.

Polizist: Jo des schtimmt scho, do war diea Firma bis vor eme halba Johr, aber diea sind umzoga ins neue Induschtriegebiet.

Passant 2: Noi, diea sind noit umzoga, gell Martha. Mir habet doch am letschta Sonntag a Schpaziergängle gmacht im neua Induschtriegebiet. In dem Neubau sind jo noit amol d Vorhäng droba.

Kehrer: Seit wenn hot ma denn in ra Fabrikhalle Vorhäng?

Polizist: Auf jeden Fall sind am letschta Freitag dr ganze Tag d Möbelwäga beim Schleicher & Knapp gschtanda — also sind se umzoga.

Vertreter: Ich gehe am besten mal in die Zelle und sehe im Telefonbuch nach — dann wird sichs ja herausstellen.

Polizist: Des könnet Se sich schpara, des Telefonbuach isch mindeschtens zwoi Johr alt — do isch no de alt Aschrift dinna — diea wisset mir jo.

Kehrer: Aber Siea könntet doch aruafa und froga, ob se umzoga sind oder it.

Polizist: Diea sind umzoga!

Passant 1: Noi, diea sind it umzoga!

Passant 2: Du hosch recht Martha, diea sind it umzoga.

Kehrer: Also, dr Herr Wachtmeister wirds jo wohl wissa.

(Vertreter geht in eine Telefonzelle)

Passant 1: Also, Herr Wachtmeister, findet Siea übrigens, daß diea Schtroß sauber gnuag kehrt isch?

Polizist: Ja wiea moinet Se des — soll er se no aufschlecka?

Kehrer: Unser Schtadt hot vom Fremdaverkehrsverband a Auszeichnung krieagt für bsondere Sauberkeit!

Passant 2: Do könnet Siea aber nix drfür.

Kehrer: Aber sicher — i hon jo persönlich a Medaillie krieagt für bsonders gwissenhafte, also für außergwöhnliche, also für ...

Passant 1: Ja etz für was? Siea wissets jo selber it.

Passant 2: Do müaßtet mir jo für unseren Muschterhaushalt s Bundesverdienschtkreuz krieaga. Gell Martha.

Passant 1: Mindeschtens, Rosa!

Kehrer: Lieabe Frau ...

Passant 2: I bin it Ihra lieaba Frau —

Kehrer: S wird guat sei — i hett Siea scho samtm Schtaublumpa nausgschtaubet.

Passant 1: Müssen wir uns das gefallen lassen, Herr Wachtmeister?

Passant 2: Nehmen Sie den Mann fest!

Passant 1 Abführen!

Polizist: Do hette viel Arbet.

Passant 2: Komm wir gehen.

(Seidlitz kommt)

Polizist: Ja do kommt jo dr Herr Seidlitz, Siea kommet wiea gruafa, Siea schaffet doch beim Schleicher & Knapp.

Seidlitz: Jo, halt beim Schleicher —, Schleicher & Knapp gibts nimme.

Kehrer: Was soll des hoißa, diea gibts nimme?

Seidlitz: Diea sind halt ausanander — seit am 1. 1. Dr alte Schleicher und dr alte Knapp hond sich jo früher guat verschtanda. Aber der Schwiegersohn vom Schleicher isch doch mit em älteschta Sohn vom Knapp it auskomma. S hot halt en Schtunk geaba.

Kehrer: Ja, do woiß i jo gar nix drvo.

Seidlitz: Ja, in Zeitung hommers it neidua.

Polizist: So isch des?

Seidlitz: Jo, jetzt isch dr Schleicher no im alta Firmagebäude, dr Knapp hot baut im neua Induschtriegebiet. Und do schaff i jetzt.

(Vertreter kommt zurück)

Vertreter: Leute, die Sache ist geklärt — Schleicher & Knapp gibt es nicht mehr, nur noch Schleicher oder Knapp.

Seidlitz: Was Siea it saget!

Vertreter: Ich habe mit dem Schwiegersohn vom Schleicher persönlich gesprochen. Macht einen ganz prima Eindruck. Der Knapp ist ja ausgestiegen, muß ein ziemlich mieser Laden sein, hat sich beim Bauen ziemlich übernommen, macht scheints bald Pleite.

Seidlitz: Sagt des der Schwiegersohn vom Schleicher?

Vertreter: Wortwörtlich — klingt auch ganz überzeugend. Aber ich geh trotzdem mal hin und dreh denen meinen Spezialhartmetallbohrer an. Die guten Leute hat ja ohnehin der Schleicher behalten.

Kehrer: Desch jo hochinteressant!

Vertreter: Also meine Herren — erst zu Knapp und dann zu Schleicher, schon ist der Fritze Matschke reicher.

Seidlitz: Übrigens — den Weag zum Knapp könnet Se sich schpara — i bin oine von dene Flascha, wo in dera Pleitefirma schaffet — i mach do dr Eikauf — aber an so a Firma wellet Siea sicher nix verkaufa. Des wär doch zu riskant.

Vertreter: Na ja, Schleicher ist ja auch noch da.

Seidlitz: Jo, um a Härle hett er dr Konkurs amelda müaßa.

Polizist: Ja, jetz sage gar nix meh.

Seidlitz: Aber s isch it so weit komma — mir hond diea Firma übernomma. Übrigens: i bin do dr neue Geschäftsführer.

(Vertreter fällt in Ohnmacht)

Kehrer: Hoi, etz guck na — do vergoht sogar ema Rheinländer dr Humor.

Aufführungshonorare

Nummer	Inhalt	Personen	Spieldauer Minuten	Honorar 1. Aufführung DM	Honorar pro weitere Aufführung DM	Seite
1	D Barockschtroß	3	18	45,—	35,—	7
2	D Fürschtahochzeit	3	14	35,—	30,—	12
3	Die Bank im Park	5	30	45,—	35,—	18
4	Die Jubiläumshymne	2	10	25,—	20,—	30
5	Der Vervielfältiger	2	5	25,—	20,—	34
6	Im Ländle	3	9	25,—	20,—	37
7	Am Fahrkartaschalter	6-8	6	25,—	20,—	41
8	Der Traum von Haiti	3	10	25,—	20,—	44
9	Die Elternsprechstunde	2	12	35,—	30,—	47
10	Dr Geburtstag	2	14	35,—	30,—	52
11	D Exportepfel	2	8	25,—	20,—	58
12	De elektronisch Orgel	2	8	25,—	20,—	61
13	Der Intelligenz-Quotient	4	10	25,—	20,—	64
14	Die Reklamation	2	8	25,—	20,—	70
15	Beim Schuahmacher	4	18	45,—	35,—	73
16	Im Tante-Emma-Lada	2	9	25,—	20,—	84
17	Die Wetterprognose	2	7	25,—	20,—	88
18	Die Reportage	8	30	45,—	35,—	91
19	Die Wohnungssuche	3	14	35,—	25,—	103
20	Besuch der alten Dame	2	12	35,—	25,—	109
21	Aufm Fundamt	3	20	45,—	35,—	113
22	D Volkshochschual	2	8	25,—	20,—	122
23	Hänsel und Gretel	5	18	45,—	35,—	125
24	Im Reisebüro	4	18	45,—	35,—	133
25	Am Aschermittwoch	6	26	45,—	35,—	142

Manfred Hepperle auf Tonkassetten (je 2 x 20 Min, DM 19,80)

„Familie Eisele" Nr. 1
ISBN 3-89089-903-x

„Familie Eisele" Nr. 2
ISBN 3-89089-904-8

„Familie Eisele" Nr. 3
ISBN 3-89089-905-6

„Familie Eisele" Nr. 4
ISBN 3-89089-906-4

„Familie Eisele" Nr. 5
ISBN 3-89089-907-2

„Familie Eisele" Nr. 6
ISBN 3-89089-908-0

„Schwäbische Sketsche" Nr. 1
ISBN 3-89089-921-8

„Schwäbische Sketsche" Nr. 2
ISBN 3-89089-922-6

„Also passet Se amol auf …" Nr. 1
ISBN 3-89089-900-5

„Also passet Se amol auf …" Nr. 2
ISBN 3-89089-901-3

„Also passet Se amol auf …" Nr. 3
ISBN 3-89089-902-1

Aus dem Buch „Fünfundzwanzig Schwäbische Sketsche" sind auf Kassette erschienen:

Die Elternsprechstunde („Also passet Se amol auf …" Nr. 1)
Dr Traum von Haiti („Also passet Se amol auf …" Nr. 2)
D Fürschtahochzeit („Also passet Se amol auf …" Nr. 3)
D Barockschtroß („Also passet Se amol auf …" Nr. 3)

Bücher von Manfred Hepperle

Etz glaube des hald au noo
ISBN 3-89089-218-3 – DM 24,80

I sag jo nix, i moin jo blos, 3. Auflage
ISBN 3-89089-204-3 – DM 19,80

Nix für uguat Frau Rimmele
ISBN 3-89089-207-8 – DM 19,80

… es war aber auch eine Ente
ISBN 3-89089-206-x – DM 19,80

Der Maulwurf, 5. Auflage
ISBN 3-89089-200-0 – DM 19,80

Teils heiter – teils bewölkt, 2. Auflage
ISBN 3-924285-00-4 – DM 19,80

Gestammelte Werke
ISBN 3-924285-01-2 – DM 18,80

Es war einmal ein Uhu, Band 2
ISBN 3-924285-03-9 – DM 15,80

VERLAG WILFRIED EPPE · 7961 BERGATREUTE